U0895240

"十三五"国家重点出版物出版规划项目

转型时代的中国财经战略论丛

中国流通业集约化研究

王明雁　著

中国财经出版传媒集团

经济科学出版社
Economic Science Press

图书在版编目（CIP）数据

中国流通业集约化研究/王明雁著．—北京：经济科学出版社，2020.6
（转型时代的中国财经战略论丛）
ISBN 978-7-5218-1421-7

Ⅰ.①中… Ⅱ.①王… Ⅲ.①流通业-产业发展-研究-中国 Ⅳ.①F724

中国版本图书馆CIP数据核字（2020）第049499号

责任编辑：陈赫男
责任校对：蒋子明
责任印制：李 鹏 范 艳

中国流通业集约化研究
王明雁 著
经济科学出版社出版、发行 新华书店经销
社址：北京市海淀区阜成路甲28号 邮编：100142
总编部电话：010-88191217 发行部电话：010-88191522
网址：www.esp.com.cn
电子邮箱：esp@esp.com.cn
天猫网店：经济科学出版社旗舰店
网址：http://jjkxcbs.tmall.com
北京季蜂印刷有限公司印装
710×1000 16开 12.25印张 200000字
2020年7月第1版 2020年7月第1次印刷
ISBN 978-7-5218-1421-7 定价：48.00元
（图书出现印装问题，本社负责调换。电话：010-88191510）

序　言

伴随我国经济的持续增长，流通业在国民经济中起到的基础性、先导性和战略性作用日益突出。在中国进入新时代的历史新阶段，中国流通业也进入新的历史机遇期。流通业是国民经济中具有较强产业关联和产业波及效应的产业部门，其发展将直接影响到众多上下游相关产业的发展状况。如何实现中国流通业由过去的粗放型增长向集约化增长，并通过流通业的集约化带动中国经济从高速增长向高质量发展转变，是当前及今后一段时间需要认真思索的重大问题。

王明雁同志在攻读博士学位期间，就开始研究流通业集约化相关问题，并主持和参与了多项与流通业集约化问题密切相关的课题项目，积累了丰富的理论知识和写作经验。经过多年的研究，借鉴产业经济学和流通经济学的基本理论，结合流通业自身特点撰写了《中国流通业集约化研究》一书，我认为这是一个很好的探索。

本书以一般均衡理论、产业组织理论、流通理论等作为理论基础，分别构建起基于流通业总体视角的一般均衡分析模型和基于流通企业视角的三方博弈模型，对流通业集约化进行理论分析。在此基础上，阐述了技术创新驱动背景下技术革命对流通业的革新与再造，并结合中国流通业的现实数据对中国流通业的产业关联和波及效应、中国流通业集约化程度及其影响因素等问题进行了实证分析，并提出了具有较强针对性的对策建议，具有一定的理论和现实应用价值。

本书与其他同类论著相比，在流通业集约化研究方面做了一些颇有意义的积极探索。比如，目前研究流通业集约化的论著还比较少，特别是将西方主流经济理论与流通理论结合起来进行分析的论著更是少之又少，这拓展了流通业集约化研究的思路。再如，该书尝试性地提出流通业集约化程度的衡量方式，并据此对中国流通业进行测度，这具有非常强的现实应用价值。

“士不可以不弘毅，任重而道远”。本书的出版无疑是一次有益的尝试，希望能够对中国流通业集约化发展起到一定的促进作用，并能对关心流通业集约化发展的同人和读者有所裨益。衷心希望能够有更多的有识之士关注流通业发展问题。

首都经济贸易大学

中国流通研究院院长　祝合良

2019年5月21日

目　录

第1章　绪　　论

1.1　选题背景

流通业在国民经济中的地位和作用是与其经济发展水平息息相关的，一国的经济发展水平越高，流通业在国民经济中的地位就会越高。21 世纪初期，在中国特色社会主义市场经济条件下，伴随中国经济体制改革的不断深化和经济社会的持续高速稳定增长，流通业在社会生产中的地位已经由末端产业上升为先导行业。当然，也有很多学者将流通业定位为基础性产业。虽然研究流通业的专家学者之间对于流通业定位的认识方面有所差异，但无论将流通业定位为先导性产业还是基础性产业，本质上都是对于流通业在国民经济中的重要地位的一种肯定。

伴随我国经济的持续增长，流通业在国民经济中起到的作用日益突出是毋庸置疑的。从流通总量上看，中国已经成为流通大国，但从流通大国迈向流通强国不仅仅是数量的增加，更重要的是质量的提升。然而相关流通理论研究的发展却一直滞后于流通业的发展，这在一定程度上也制约了流通业的健康发展态势。自中华人民共和国成立以来，流通业相关理论的研究和实践就一直是中国国内经济学界的研究领域中不可或缺的重要组成部分。早在 20 世纪 50 年代，我国著名经济学家孙冶方先生就曾经基于马克思关于流通理论的相关论述提出一些开创性的思想，这在一定程度上也激发了国内理论界对于流通理论的研究热潮，对中国流通业的发展起到了有力的理论指导作用。令人遗憾的是，由于受到西方主流经济学发展路径的影响，流通理论的研究热潮未能持续下去并得到进一步的发展。在中国经济进入新常态的发展新阶段，中国经济面临前所未有的经济转型升级压力，此时流通业的发展将在整个国民经济的转型升级中起到至关重要的作用，对流通理论的需求也变得比以往任何时候都更加迫切。流通理论的研究思路和发展路径应该是与中国建设中国特色社会主义市场经济体系的发展路径相一致的，并结合时代特征以及中国国情，进而梳理出既符合经济发展客观规律又能满足中国目前经济发展要求的流通理论，为中国由流通大国迈向流通强国打下坚实的理论基础，真正契合习近平总书记提出的“创新、协调、绿色、开放、共享”的发展理念。

“集约”概念的首次明确提出是在著名古典经济学家大卫·李嘉图（David Ricado）叙述地租理论的相关著作中，其与“粗放”相对应。其后，卡尔·亨利希·马克思（Karl Heinrich Marx）在对级差地租进行阐述时指出，耕作的集约化是指将资本集中用于某一块固定的土地上，而不是将其分散投资到更多的土地上的经营方式。《政治经济学辞典》中对于集约经营的定义也进行了详细阐述，其含义与马克思的观点较为类似，其认为，集约经营就是将较多的劳动、资本等生产资料集中投入到一定面积的土地上，同时通过对先进技术的运用来实现精细化运作的经营方式①。集约的两个重要特征是资源配置结构的优化和资源利用效率的提升。党的十四届五中全会提出积极推动中国经济增长方式由粗放型增长向集约型增长转变后的几年内，国内出现了大量集约化问题研究的相关成果，这些研究成果主要是从宏观的经济增长方式角度和微观的企业经营方式角度对集约化问题进行研究，而少有从中观的行业层面对该问题进行探讨的文献②。对流通业集约化问题的研究也多集中于这段时期，进入21世纪后鲜见研究该问题的文献，且该时期内对流通集约化问题的研究主要以理论梳理为主，缺乏必要的实证检验。

长期以来，中国的经济增长主要是依靠投资和出口拉动，消费对于经济增长的贡献一直较为乏力，而流通业的功能之一就是在生产与消费之间起到衔接和黏合作用。特别是在中国经济发展进入了结构调整、动力转换、增速放缓的新常态阶段，越来越鲜明地表现出由换挡期、阵痛期和消化期“三期叠加”带来的各种阶段性特征，急需新动能带动新

① 许涤新．政治经济学辞典［M］．北京：人民出版社，1980：6.

② 1995年9月28日党的十四届五中全会通过的全会公告将经济增长方式向集约化转变作为重要方针。

经济的经济新常态背景下，中国经济面临产业结构调整，传统产业发展方式亟待转型升级。流通业作为完整经济体系中对产业结构调整和传统产业发展方式的转型升级起到至关重要作用的中间环节，其发展所面临的机遇和挑战都是前所未有的。从产业发展的本质动力来看，无论是整个中国经济还是流通业的增长速度放缓都具有一定的客观性和必然性。结合新古典经济增长理论的观点，应当认识到：在要素成本相对低廉时，产出的扩大可以简单地依赖于要素投入量的增长。一旦要素红利消失，粗放式增长的潜力殆尽，进一步的经济增长就应当依靠全要素生产率的增长和要素资源配置方式的转变，即向集约化增长转变。

2016年，商务部等10部门联合发布的《国内贸易流通“十三五”发展规划》将流通集约化确定为流通业“十三五”时期发展的三大主攻方向之一（另外两大主攻方向为信息化、标准化），文中将信息化、标准化和集约化作为提升流通业现代化水平的重要支撑①。该规划站在全国总体视角上对影响流通业集约化发展的众多因素进行梳理和归纳提炼后，提出了以下四个具体的发展方向。

1. 增强骨干流通企业竞争力

推动国有流通企业改革，发展混合所有制经济，实现股权多元化，完善企业治理结构，建立现代企业制度。鼓励优势企业兼并重组，跨地区、跨行业整合资源，培育一批有国际竞争力的大型流通企业集团。支持有条件的流通企业开展跨国经营，建设海外服务网络，提升全渠道竞争力。

2. 提升流通企业组织化程度

推动流通企业创新流通技术、商业模式、管理手段、经营业态，走专业化、特色经营的道路，提高组织化程度，提升核心竞争力。创新发展连锁经营，引导流通企业通过联合采购、共同配送、特许经营等方式，提高集约经营能力。研究建立流通创新示范基地，培育中小电子商务企业孵化器、众创空间等公共服务平台，完善中小企业公共服务体系。

3. 推动供应链创新与应用

引导流通企业加强供应链应用，优化供应链管理，加强资源整合，

① 该规划中将流通业集约化明确为我国“十三五”时期流通发展的指导思想中流通业的主攻方向之一。

促进流程再造，提升企业协同的智能化、网络化、集约化水平，提高响应速度，降低经营成本。推动商品交易市场优化资源配置，对上下游企业提供采购、加工、分销、物流、信息等全程供应链服务。推动供应链服务企业创新发展，提供网络化、平台化服务，提高专业服务能力。鼓励流通企业融入全球供应链，增强全球采购、营销能力，向全球价值链高端跃升。

4. 有序发展平台经济

推进电子商务示范基地和产业园区建设，鼓励发展垂直类、专业类和行业类电子商务，引导电子商务企业拓展服务领域和功能。鼓励综合型和专业型产品交易平台、生活性服务平台、现代物流服务平台、社区综合服务平台等发展，促进资源集成和优化配置，实现供需有效匹配，促进产业融合和市场功能创新，推动共享经济快速规范发展。健全平台运营规则和标准，完善平台企业市场准入、管理制度，规范平台日常运营，加强事中事后监管。

除上述“三化”外，流通业的国际化、品牌化、规范化对实现流通业的现代化也具有重要支撑作用。在流通业的“七化”之间，流通业的信息化和标准化能够对集约化起到促进作用，流通业的集约化又能助力流通业的国际化、品牌化和规范化，最终实现中国流通业的现代化。由此可见，流通业的集约化在流通业现代化进程中居于至关重要的位置。对流通业集约化问题进行系统研究，既是流通理论的必然发展趋势，也是中国经济发展现状对流通业发展提出的客观现实要求。

过去相当长的一段时间内，由于学术界对流通业的界定和认识尚未形成共识，同时受到西方主流经济学流派研究思想和方法的较大影响，国内学者很少涉及流通业集约化问题，目前用规范、系统、前沿的研究方法对流通业集约化问题进行研究尚属国内流通学界的研究空白。本书拟在借鉴和参考已有的研究成果对流通业、集约化等相关概念的内涵进行明确界定的基础上，结合现阶段中国流通业发展的现状，从理论层面对流通业集约化的内在机理进行探究，再进一步通过构建不同的模型对流通业集约度及其影响因素进行全面而具体的权衡和分析，最终探索出提升中国流通业集约化水平的现实路径和支撑体系，给出富有针对性和可操作性的全面提升中国流通业集约化水平的建议，进而推动中国经济增长方式的转型升级。

1.2 研究意义

1.2.1 理论意义

1.2.1.1 拓展流通业集约化相关问题的研究思路

集约化相关问题的研究一度在20世纪90年代成为研究热点问题，特别是在中共十四届五中全会公报中明确提出积极推动中国的经济增长方式由过去粗放式的增长方式向集约型增长方式转变后的几年内，国内出现了大量集约化问题研究的相关成果，这些研究成果主要是从宏观的经济增长方式角度和微观的企业经营方式角度对集约化问题进行研究，而少有从中观的行业层面对该问题进行探讨的文献，对流通业集约化问题的研究也多集中于这段时期。流通业集约化研究较少，这一定程度上源自集约化问题相关研究在其兴起之初就带有一定的行政色彩，此外也有缺乏必要的理论基础和规范的研究范式的原因。本书以中国流通业集约化为研究主体，以一般均衡理论、产业组织理论、流通理论等为理论基础，通过构建的数理模型并对其进行缜密而严谨的数理推导，揭示出流通业集约化的运行机理。首先，将通过构建基于一般均衡分析的世代交叠模型，从流通业总体视角分析流通业集约化的稳态条件、影响因素和演进动因等。其次，基于双边市场理论，从流通业企业的微观主体视角构建流通业集约化的三方博弈模型，通过对模型结果进行系统分析，进而揭示出企业层面的流通业集约化的动力机制。

1.2.1.2 明确流通业集约化的测算指标并对其进行现实数据的实证检验

前述提到，在20世纪90年代国内学术界曾经掀起过一阵研究流通业集约化问题的热潮，但是该时期内对流通业集约化问题的研究主要以对流通业集约化的现象描述和简单文字理论梳理为主，缺乏系统性的理论基础指导下的规范性的实证检验。本书在借鉴和综合其他相关研究成果的基础上，将流通业集约化的测算指标（集约度）明确为流通业全要素生产率对流通业发展的相对贡献。在此基础上，采用基于数据包络分析（data envelopment analysis，DEA）的曼奎斯特（Malmquist）指数方法计算出中国流通业省际层面的全要素生产率，结合流通业集约度的定义和测算公式对中国流通业的集约化水平进行测度。然后，采用系统广义矩估计（generalized method of moments，GMM）动态面板分析方法，以中国流通业省际集约度作为因变量，将影响流通业集约度的指标作为自变量，实证检验中国流通业集约化水平在省际层面呈现差异化的影响因素，并根据实证检验结果得出更富有针对性的提升中国流通业集约化水平的建议。

1.2.2 现实意义

1.2.2.1 本书为我国流通业集约化的发展提供了一定的借鉴

目前，流通业集约化研究还处于初期阶段，流通业相关企业和管理部门均缺乏较为明确的理论指导基础。本书通过对流通业集约化的理论、路径、评价等方面的系统梳理，从理论和现实两个层面分别指出中国流通业集约化发展中存在的问题并给出有针对性的对策建议，对优化流通业产业结构、改善流通业总体运行质量、提高流通业的资源配置效率等均具有一定的现实指导意义，进而实现快速、全面、科学地推进中国流通业的集约化发展，使中国由“粗放型”的流通大国迈向“集约型”的流通强国。

1.2.2.2 本书为中国经济结构的转型升级提供了一种可供选择的新引擎

中国经济已经进入新常态阶段，急需经济增长新动能带动新经济发展。伴随着“大数据”“云计算”“物联网”“区块链”等具有划时代意义的新技术的广泛应用，经济结构正在发生着巨大的变化，一些传统的产业或逐渐淘汰、或被整合，流通业也面临着自身重新定位和革新的问题。新技术在流通产业上的应用就像是给整个行业插上了腾飞的翅膀，带动了整个行业的发展，流通业的集约化发展是一种现实经济推动下的必然趋势。同时，由于流通业在整个国民经济体系中的特殊性，流通业的集约化发展必然会带动整个国民经济体系的优化和发展，使中国经济跨越传统发展轨道，走向以集约化为新引擎的绿色、和谐、可持续的发展之路。

1.3 国内外相关研究综述

研究流通问题首先要明确流通业的概念和范围，目前与流通业密切相关的几个概念和提法主要有流通业、内贸流通业、商业服务业、商贸服务业、商贸流通服务业、商务服务业等。之所以会出现这么多密切相关的概念，是因为它们都源于商业和服务业，也是现代商业和服务业不断发展的反映。马克思流通理论将流通中介在商品流通过程中的保管费用、运输费用以及用于簿记、货币的费用均视作生产上的“非生产费用”或“非生产性费用”，并提出“一切只是由商品的形式转化而产生的流通费用，都不会把价值追加到商品上”[①]，这实质上认为流通中介仅仅承担了转移、保存商品的角色，并没有实质性的产出和价值。长期以来，马克思传统流通理论中“流通不创造价值、不属于生产性劳动”的观点一直根深蒂固[②]。界定流通活动的产出、明确流通活动创造的价值，是流通基础理论应当解决的问题。从中国现代流通理论研究来看，尽管不少学者重点研究了流通业内涵的界定、发展规律、产业功能及组织形式[③④⑤]，认识并肯定了流通产业的重要性，但迄今为止还少有研究从理论内涵的层面对流通业相关概念和范围进行系统梳理，这也导致不同的学者在研究流通业相关问题时因对流通业的理解不同而难以达成一致意见。本书从流通业的内涵和基本职能出发，明确界定流通业的概念，并将流通业的范围确定为包括直接从事商品流通的商业部门（批发

① 马克思．资本论（第2卷）[M]．北京：人民出版社，1975：112-113.

② 陈建中．中国流通经济体制改革新探 [M]．北京：人民出版社，2014：45-47.

③ 黄国雄．流通新论 [J]．商业时代，2003（4）：6-9.

④ 纪宝成，李陈华．对中国流通产业安全的几点认识 [J]．经济理论与经济管理，2012，31（1）：5-9.

⑤ 刘国光．推进流通改革，加快流通业从末端行业向先导性行业转化 [J]．商业经济研究，1999（1）：7-13.

业和零售业）和间接为商品流通提供服务的物流业（交通运输、仓储和邮政业）等两大行业。

1.3.1 流通业的范畴界定

任何一项研究工作首先都需要界定清楚研究对象的内涵及外延。流通概念目前范畴界定比较模糊，主要原因在于目前存在与内贸流通密切相关的几个概念：商业服务业、商务服务业、商贸服务业等。这些概念虽然已经产生，但是人们对它们的内涵却存在不同的认识。这些不同的认识已经成为当前理论界进行交流，乃至政府下发文件的重要障碍。这些障碍已经直接影响到相关政策的制定和行业的发展。

1.3.1.1 相关概念的辨析

之所以会出现内贸流通业、商贸服务业、商业服务业和商务服务业这几个密切相关的概念，是因为它们都源于商业和服务业，是从现代商业和服务业发展过程中产生出来的。

1. 商业服务业的概念和内涵

在上述几个概念中，国人接触最早的概念是商业服务业。在我国，商业服务业是指商业活动中直接关系人们日常生活的服务业，它是现代商业和服务业的重要组成部分。它包括两大部分：一是通过营业设备或劳务技术为人们生活提供商业服务，主要有旅店业、理发业、美容业、洗浴业等。二是利用一些原材料，通过技术加工、制作和修理为人们生活提供商业服务，主要有照相业、洗染业、修理业等。对照我国最新《国民经济行业分类（GB/T 4754－2011）》标准，商业服务业包含在第三产业当中的“住宿和餐饮业”“居民服务、修理和其他服务业”“科学研究和技术服务业”三大门类中。如表1－1所示。

表1－1　商业服务业对应的标准行业分类

商业服务业	行业代码				类别名称
	门类	大类	中类	小类	
	H	61	611	6110	旅游饭店
	M	74、	749	7492	摄影扩印服务

续表

	行业代码				类别名称
	门类	大类	中类	小类	
商业服务业	O	79	794	7940	理发及美容服务
	O	79	795	7950	洗浴
	O	79	793	7930	洗染服务
	O	80			机动车、电子产品和日用产品修理业

资料来源：根据《国民经济行业分类（GB/T 4754－2011）》整理。

需要指出的是，我国统计口径中的商业服务业与西方国家有所不同，实际上相当于西方国家所指的个人服务业，与国际通行的世界贸易组织所指的商业服务业也有所不同。

2. 商务服务业的概念和内涵

商务服务业是指各种商业主体为交易活动提供生产性服务的服务业。在我国，对照《国民经济行业分类（GB/T 4754－2011）》标准，商务服务业包含在“租赁和商务服务业”中，如表1－2所示。从国际通行的世界贸易组织统计标准来看，我国所统计的商务服务业属于世界贸易组织所统计的商业服务业的一部分。

表1－2　　商务服务业对应的标准行业分类

	行业代码				类别名称
	门类	大类	中类	小类	
商务服务业	L	72	721		企业管理服务
	L	72	722		法律服务
	L	72	723		咨询与调查
	L	72	724		广告业
	L	72	725		知识产权服务
	L	72	726		人力资源服务
	L	72	727		旅行社及其相关服务
	L	72	728		安全保护服务
	L	72	729		其他商务服务业

资料来源：根据《国民经济行业分类（GB/T 4754－2011）》整理。

3. 内贸流通的概念和内涵

内贸流通、商贸服务业和内贸流通服务业是同义词。内贸流通业就是狭义上的流通业，一般意义上是指商品流通和为商品流通提供服务的产业。

目前我国商务部流通发展司从政府管理职能角度出发，把 18 个细分行业纳入内贸流通业的范围，这些参加汇总的行业包括：批发业、零售业、住宿业、餐饮业、典当行业、拍卖行业、融资租赁行业、生猪屠宰行业、仓储业、茧丝绸行业、二手车交易市场、沐浴业、美发美容业、人像摄影业、洗染业、家庭服务业、家电维修服务业、会展业①。内贸流通业数据统计的思路是确定不同地区典型企业名录，要求这些典型企业采取年报或季报的方式上报企业的相关经营数据，统一加总后形成全国内贸流通业的统计数据。

1.3.1.2 内贸流通业的界定

流通理论界对内贸流通业是指“商品流通和为商品流通提供服务的产业”的内涵界定。同时内贸流通业外延的界定需要更加明确和细化。借鉴商务部流通发展司所统计的内贸流通业所包含的这 18 个细分行业，把这些细分行业与标准国际经济行业分类一一进行对应，见表 1 - 3。《国民经济行业分类（GB/T 4754 - 2011）》标准的不同门类之中。

表 1 - 3　　内贸流通业对应的标准行业分类和作用分类

	行业代码				序号	类别名称	作用分类
	门类	大类	中类	小类			
内贸流通业	F	51			1	批发业	直接从事商品流通
	F	52			2	零售业	直接从事商品流通
	G	59			3	仓储业	直接从事商品流通
	J	66	663	6633	4	典当业	直接服务于商品流通
	F	51	518	5182	5	拍卖业	直接服务于商品流通
	J	66	663	6631	6	金融租赁服务业	直接服务于商品流通

① 相关测算方法见商务部流通发展司：《流通业商品分类与代码编制规范（征求意见稿）》，http：//ltfzs. mofcom. gov. cn/article/smzx/201512/20151201224367. shtml。

续表

	行业代码				序号	类别名称	作用分类
	门类	大类	中类	小类			
商贸流通业	L	72	729	7292	7	会议及展览服务业	直接服务于商品流通
	H	62			8	餐饮业	间接服务于商品流通
	H	61			9	住宿业	间接服务于商品流通
	O	79	795	7950	10	洗浴业	间接服务于商品流通
	O	79	794	7940	11	理发及美容服务业	间接服务于商品流通
	M	74	749	7492	12	摄影扩印服务业	间接服务于商品流通
	O	79	793	7930	13	洗染服务业	间接服务于商品流通
	O	79	791	7910	14	家庭服务业	间接服务于商品流通
	O	80	803		15	家电维修服务业	间接服务于商品流通
	C	13	135	1351	16	牲畜屠宰业	特殊
	C	17	174	1741	17	茧丝绸业	特殊

注：由于二手车交易市场的内容不在国民经济行业分类目录中，因此上表没有列入。
资料来源：根据《国民经济行业分类（GB/T 4754－2011）》整理。

根据上表中细分行业在为商品流通和商品流通提供服务的不同作用，将其分为“直接从事商品流通”“直接服务于商品流通”“间接服务于商品流通”和“特殊”行业四大类，具体分类情况见上表。

那么所谓的“内贸流通业”的外延即包含表1－3中序号为1～15的十五个细分行业。其中，序号1～3是直接从事商品流通的行业，序号4～7是直接服务于商品流通的行业，序号8～15是间接服务于商品流通的行业。由于二手车交易市场不属于行业范畴，牲畜屠宰业与茧丝绸业与商品流通的本质相关性较少，因此均未列为本书研究范围。

对照我国最新《国民经济行业分类（GB/T 4754－2011）》标准和我国商务部应该管理的范围，我们将内贸流通分为三大类：一是直接从事商品流通的批发、零售、仓储等行业。二是直接服务于商品流通的行业，比如典当、拍卖业等。三是间接服务于商品流通的行业，比如餐饮业、住宿业和各种居民服务业等。

1.3.2 集约化概念的研究综述

“集约”一词最早明确提出是在著名古典经济学家大卫·李嘉图1817年所著的《政治经济学及赋税原理》一书中，大卫·李嘉图在该书中阐述其地租理论思想时指出，“集约”和“粗放”是两个相对应的概念，也有部分文献将两者翻译为内涵和外延，其原意并无区别[①]。其后，著名经济学家和思想家马克思在其经典著作《资本论》中对级差地租进行阐述时指出，耕作的集约化是指将资本集中用于某一块固定的土地上，而不是将其分散投资到更多的土地上的经营方式[②]。马克思将经济增长方式区分为两种不同的增长类型：一种是以高投入带来高产出的外延式增长方式（extensive growth），又可以定义为粗放型增长方式。另一种是以高效率带来高产出的内涵式增长方式（intensive growth），又被称为集约化增长方式。《政治经济学辞典》一书中对集约经营的定义为：将较多的劳动和生产资料等投入到一定面积的土地上，同时采用新技术和新方法来实现土地的精耕细作的经营方式[③]。《计划工作手册》对集约经营的定义更加详细，将集约经营定义为在某一固定面积的土地上相对集中地投入更多的劳动和生产资料，同时采用新技术和新方法对其进行科学管理和精耕细作，通过单位面积上产量的提高来带动总产量增加的经营方式[④]。

集约化是一个在现代西方经济学研究中较少提及的词汇，但是，由于集约化的概念最初是在对地租理论的论述中提出来的，国外有大量从集约化视角出发研究农业发展问题的文献。莫蒂摩尔和亚当斯（Mortimore & Adams，1998）在研究农牧业发展问题时指出，农业人口、畜牧业规模和农村人口规模三者之间存在正相关关系，提高畜牧业生产效率的有效途径就是将其纳入集约化的农业生产体系中去。桑福德等（Sanford et al.，2006）认为，随着人口的不断增加，人均资源占有量不断减少，集约化发展是解决农业发展中存在的不平衡问题的技术性和市场

① 李嘉图．政治经济学及赋税原理［M］．北京：光明日报出版社，2009：45－48.

② 马克思．资本论（第3卷）［M］．北京：人民出版社，1975：873.

③ 许涤新．政治经济学辞典［M］．北京：人民出版社，1980：6.

④ 陈先．计划工作手册［M］．北京：中国财政经济出版社，1984：21.

性的解决方案。莫里兹（Moritz，2010）指出，将畜牧业纳入集约化生产的农业系统能够提高畜牧业产品的市场价值，并且使得该产业得以持续发展并不断适应不断变化的环境。莫里兹（2012）在研究西非的牧区制度时发现，由于人口的持续增长和农业耕作范围的不断扩大，牧业发展已经转向集约化发展路径。

1.3.3 流通业集约化内涵的研究综述

从经济增长角度来看，西方主要资本主义国家和社会主义国家对经济增长方式的理解有所差异，这进而导致了两者在研究“集约化”问题上的差异。匈牙利著名经济学家雅诺什·科尔奈（Janos Kornai）在其所著的《通向自由经济之路：从社会主义体制转轨》一书中指出，所谓西方主流经济学理论把一国经济增长的主要源泉归因于要素投入的增加和综合要素生产率的提升，而社会主义国家的经济学家在论述经济增长方式时习惯使用粗放式增长和集约化增长的表达方式[①]。两者的区别更多是表述方式上的区别，但本质上是一致的，像集约化发展就蕴含着通过提高投入要素的生产效率来带动产出增长的思想。

集约化在苏联的引入是与其20世纪60年代经济增长的明显下滑紧密联系在一起的，苏联经济学家寄希望于通过研究经济集约化发展的内涵和路径来解决苏联经济中存在的各种问题，这也是用集约化解释经济增长问题的开端。苏联经济学家森察格夫（Senchagov，1985）认为，集约化的内涵是旨在提高各企业集中管理和规划的有效性，旨在研究夸大企业的自主经营权和经营范围，最终引导改善经济机制本身存在的主要经济问题。卡马耶夫（Kamaev，1985）讨论了集约化生产对提高社会主义国家中的生产的作用以及其带来的社会经济效益、资本投资有效利用中科技进步的作用，并进一步探讨了集约化进程的阶段和复杂程度，最终确定影响集约化规模和速度的因素。

日本在1992年颁布了一部意在促进物流集约化的专门性法律——《中小物流企业集约化促进法》，这部法律中对物流集约化的描述为：

① 匈牙利著名经济学家雅诺什·科尔奈在对社会主义体制转轨的研究中提出了很多具有现实指导意义的转轨路径，除《通向自由经济之路：从社会主义体制转轨》一书外，《后社会主义转轨的思索》也是总结其思想成果的重要代表性作品。

物流协会的参与企业在确保能够为其他成员企业提供简单的物流服务的同时，应该具备向其他成员提供一体化物流服务的能力，进而提高相关企业的物流流通效率，确保整个流通体系的正常运转，物流协会在整个流通环节中应该起到统筹兼顾的作用。

国内相关领域的学者也尝试着从不同的角度对集约化的内涵做了大量的探索性研究工作。陈作军等（1996）指出，集约化经营方式是在现有的社会经济技术条件下，生产中所投入的生产要素突破一定的临界值之后才能够获得最佳的经济效应，这本质上属于规模经济的范畴。陈岳（1996）从投资视角对集约化进行了阐述，他认为集约化就是将资本集中性并且连续性地投资于所筛选出的投资项目，对投资项目的经营潜力进行充分的挖掘，力求实现投资回报率最大化的经营方式，其增长方式可分为质量技术型、速度机会型、数量规模型和综合效益型。集约化投资增长方式具有相对性，即昨天的集约型今天可能被视为粗放型，今天的集约型可能成为明天的粗放型。我们发展集约化生产经营除了考虑今天的特点和标准，还要考虑集约化未来的特点和标准，尽量保持先进性。许祖东（1997）从资源稀缺性视角指出，集约化就是通过一定的组织管理和技术应用来提高稀缺资源的使用效率，进而实现高效益和高产出的经营方式。集约经营的过程，是用较多的丰富资源或稀缺程度较低的资源与较少的稀缺程度较高的资源进行配置，使这些稀缺程度较高的资源得到更高效率使用的过程。在集约经营过程中，丰富的或稀缺程度较低的资源的较多投入，只是相对于稀缺程度较高的资源而言的，较多的投入不等于这些资源的效率的降低，而那些稀缺程度较高的资源的效率大大提高了，这样就使生产经营受到资源稀缺的制约减小了，各种资源的综合效率提高了。从价值形态来看，产品的成本降低了，效益提高了，这就是集约经营的本质和意义所在。王辛野（1997）从要素配置效率视角指出，集约化就是在充分考虑市场需求和资源配置效率的情况下，实现整个生产过程中各工序、各环节有效发挥自身作用的一种良好状态。张井（1997）从综合生产效率视角指出，集约化经营方式就是综合生产效率高的生产方式，粗放型经营方式与之相反。从宏观经济看，从粗放经营向集约经营转变，主要体现在社会效益，它的表现包括：①流通规模（全社会投入流通领域的生产要素数量）要与生产规模（全社会投入流通的产品数量）和消费规模（全社会有效购买力）

相适应。如果流通规模太小，流通渠道不畅，生产就不能完全转化为消费，商品的价值就不能完全实现，造成社会浪费；如果流通规模过大，投入流通领域的生产要素就会闲置，综合生产要素效率低，企业经济效益下降，同样造成社会浪费，这就是流通规模规律。②商业机构布局要合理。大中小型，综合性与专业性，高中低档，产地、销地与中转地，城市与农村企业优化组合。③国有资产通过产权流动和重组，把大部分国有资产积聚到大型的、批发的、经营重要商品的企业，组建综合商社和企业集团，更好地发挥国合商业的优势。④商业体制优化。建立和完善统一、开放、竞争、有序和城乡结合、产销结合、内外贸结合的商品流通体系。这些条件具备了，流通在宏观方面就实现了从粗放型向集约型转变。傅贤治（1997）从长期产出价值视角指出，集约化经营方式应该是从长期来看能够获得较好的产出价值和更高的运行效率的经营方式。卢正兴（2000）从分工协作视角指出，集约化就是能够充分利用分工协作来提高资源和资金等生产要素的使用效率，进而获得最大的经济效益的经营方式。袁斌昌（2002）从资源的利用角度提出，集约化增长本质上就是对生产资源的高效、集中、节约的高效率使用。周勇（2002）从采购视角指出，集约化就是根据市场上的生产和消费的需要对生产要素进行规模化、统一化、集中化的采购。孙锵（2004）从企业经营视角指出，企业的集约化经营就是企业对市场、资源、供应链、企业规模、网络设置等的优化配置，进而实现劳动生产率的最优化。国内石油销售业要走集约化发展之路，“要以市场需求为导向”加快成品油区域管线建设，“进行加油站布局调整”撤并少数分布密度较大、效益不佳的加油站，调整油库、码头布局，改造并发挥中心油库功能，完善配送分销体系，大力发展配送业务，最终实现按成品油流向优化油品供应链。

此外，国内学者对流通业集约化的内涵也从不同角度进行了阐述。林文益（1996）指出，在社会经济发展进程中，商品流通的中介地位较为特殊，商品流通的作用不仅仅体现在其通过流通部门产出获得的经济效益，而且要在客观上取得社会效益，其集约化经营与生产部门的集约化经营是有区别的，其集约化影响不仅要看单个个体的产出，还要看总体产出。从粗放经营到集约经营的转变，受到许多主客观条件的影响（包括经济增长方式从粗放到集约的转变以及经营体制从统制经济向市场经济的转变），因此其转变将有一个较长的历史过程。这种转变不是短期的，并不等于可以以此为借口而不去努力尽快地扭亏增盈，或变低效益为高效益，更不等于不去努力创造条件逐步转变粗放经营为集约经营。任仲祥（1997）认为，流通业的集约化经营本质上是通过某些具体形式来综合采用先进的技术手段和集中雄厚资金对原本松散无序的流通经营方式和组织形式等进行彻底性改造，提高企业自身素质和从业人员素质，最终通过流通企业的高效运营和优质服务来获得经济效益。王冬生（1997）从商业角度指出，集约化就是在基础设施规模没有增加的情况下，依靠增加科技含量、改善运行效率、提高人才素质，实现流通业经济效益增长。汪兆琪（2003）以第三方物流作为研究对象，对流通业集约化问题进行了阐述，他认为现代化的物流体系是通过与互联网经济时代的信息技术在时间、空间、成本控制上相融合的新型现代化商品流通形式，其核心竞争力是物流配送的效率和速度。发展第三方物流是一项系统工程，仅靠物流企业自身的努力是远远不够的，还需要政府和行业协会的推动和调控作用，为第三方物流企业发展创造良好的外部环境：一是尽快建立健全相应的政策法规体系，特别是优惠政策的制定和实施，使第三方物流的发展有据可依。二是尽快建立规范的行业标准，实施行业自律，规范市场行为，使物流业务运作有规可循。三是发挥组织、协调、规划职能，统一规划，合理布局，建立多功能、高层次、集散功能强、辐射范围广的现代物流中心，克服条块分割的弊端，避免重复建设和资源浪费现象，促进第三方物流健康、有序发展，加快我国现代流通方式的变革。

1.3.4 流通业集约化定位和评价的研究综述

流通业集约化的定位和评价主要分为两个方面：一是流通业集约化在国民经济体系中对经济增长所起到的作用。二是流通业集约化对自身产业发展和效率提升的积极作用。

从20世纪90年代开始，国内学者对流通业在国民经济体系中对经济增长所起到的作用进行了大量系统而深入的研究。冯平、石明明等人（2009）分别从吸纳就业、衔接生产和消费、产业关联等角度对流通先导产业论进行了论述，石明明和张小军认为，在我国流通产业起步阶段，国民经济三次产业对流通产业的成长发挥了强大的推动作用，随着国民经济的发展和外部条件的变化，流通产业逐渐具备了相对独立性，并走向成熟，这一发展路径可以刻画为“第一产业推动阶段—第二产业推动阶段—第三产业推动阶段—相对独立发展阶段”，对比发达国家的流通产业发达程度，我们完全有理由认为，随着流通产业的进一步发展，其必将转化为市场经济体制下国民经济发展的先导行业。与之对应，洪涛（2003）在《中国的流通产业：不容忽视的基础产业》一文中阐述了中国流通产业既是一个先导性产业，也是一个基础性产业，流通产业的基础性体现得要更强。这是因为社会消费品零售总额持续增长，流通产业成为国民经济的支柱产业，商品进出口贸易有较大提高，流通产业是吸纳劳动力就业的重要渠道，流通产业所有制结构已经发生了深刻的变化，流通产业的社会化程度有较大提高，商业业态与经营方式有了较大的发展，网上商店为主的各类电子商务迅猛发展，初步形成了具有中国特色的商品市场体系，形成了一批较大型的商贸企业集团。宋则和蔡进等人也支持流通产业基础产业论的观点。黄国雄（1998）对我国商业的劳动份额进行计算并将该份额分别与其他产业和国外相关数据进行比较后提出，商业在国民经济中具有劳动力蓄水池的作用。在产业结构调整过程中，商业尤其是零售商业，吸纳了大量的劳动力，不仅加快了城市化进程，为第二次产业的调整、第三次产业的发展创造了必要的条件，而且解决了剩余劳动力的就业问题，对保持社会的稳定做出了重要的贡献。这是因为商业微观主体的规模化、组织化程度具有远非工业以及第三次产业中的运输交通业和银行、保险及房地产业所能比拟的多层次性和高差异性。即使是在今天的一些发达国家，拥有各类大型百货公司、购物中心以及高度规范化、组织化的连锁商业和商业集团的同时，也有大量分散化、细小化的小商小贩、夫妻店、方便店存在。王俊豪等（1998）采用计量模型对浙江省经济增长与其流通产业之间的关系进行了实证检验，并在此基础上解释了浙江省经济增长与流通产业发展之间存在的关系。他认为，与流通企业的低进入壁垒相适应，我国流通产业的市场集中度也必然较低。再从体制上分析，在我国流通体制改革过程中，原来用行政手段联结流通企业经营活动的纽带被割断，许多大型批发流通企业被化整为零，而新建的一大批流通企业又是以独立性较强的中小企业为主，经营组织规模普遍较小。同时，我国的流通企业大都是在本地区范围内经营的，缺乏全国性的大型流通企业。陈文玲等（1999）采用计量分析方法对中国商业的就业结构和产出结构进行了定量分析并与西方主要国家相关数据进行比较后，对中国商业在国民经济中的地位和作用进行了重新评估和定位。以消极态度对待消费者购买行为的发生，还是积极地引导消费者的需求与消费，使消费者的消费理念与消费行为发生与市场经济运行相适应的转变，使传统的消费理念和消费行为不断在消费者消费水平整体向上移位中被扬弃，从而造就市场经济运行的呈螺旋形上升的周而复始的新起点，使国民经济的发展保持经久不竭的内在冲动力，这将不仅是短期内推进政府投资乘数效应、启动国内市场需求的商业职责，也将是商业将承担的历史任务。洪涛（2003）以所计算的全国流通业产值在国内生产总值中所占比重为数据支撑指出，我国流通产业已经成为国民经济中的支柱性产业。充分发挥现代大流通产业的先导性和基础性作用，就必须确立在现代市场经济条件下流通的先导地位和基础性地位，这种地位和作用不仅仅表现为每年实现社会消费品零售总额的 4 万多亿元、餐饮业营业收入的 5000 多亿、进出口总额的 6000 多亿美元、拥有 4900 万人 ~8000 万人的产业大军等，更应着眼于大流通产业如何促进国民经济持续、稳定、协调、健康地发展，着眼于如何加快整个社会商品流通速度，着眼于提高整个社会的经济效益。赵德海、邵万清（2004）首先通过相关系数的计算考察了流通产业分别与我国第一产业、第二产业、第三产业之间的相关关系，进而从经济增长、就业贡献、产业结构优化和产出贡献四个方面对流通产业进行了实证检验。他们认为，改革开放以来，流通产业在经济发展、结构优化中的重要作用已日益为人们所认识。流通业的发展尤其是批发零售、连锁超市、专业市场的发展，带动了交通、邮电、金融、房地产、饮食服务业和其他第三产业的迅速发展，它对我国优化产业结构、促进经济发展起到了重要的作用。曹金栋和杨忠于（2005）认为，相对于其他产业，流通业对经济发展的推动作用最大，且其战略性和先导性作用尤为突出，能够显著促进国民经济发展，将流通业提升为战略性产业，其内涵就是彻底改变流通业对各大产业发展亦步亦趋的“附庸”地位，将其作为独立的产业，并放到优先发展的先导位置上，以它的发展带动各大产业的发展。刘子峰（2005）结合时代背景和流通业自身的特点指出，流通业不仅仅是基础性和先导性产业，更是至关重要的战略性产业，基于流通产业的战略性地位，政府理应实施有力的经济政策：①实施流通产业扶持政策，促进流通领域的基础设施、管理、信息和经营方式等的现代化。②因地制宜地实施流通产业组织政策，既要促进流通产业的组织化，支持组建大型流通企业集团，走流通产业国际化道路，又要控制垄断，维持良好的市场竞争秩序。③降低流通产业门槛，积极鼓励投资者进入，并且帮助经营失败者退出，充分发挥流通产业吸纳就业的功能。④要在西部大开发以及开拓广大农村市场的实践中大力推动流通产业发展，充分发挥流通产业扩大内需、引导生产的先导作用。杨宜苗（2006）分别从国民福利、经济增长、社会就业、城市形成和发展、产业划分等维度考察了流通业对国民经济的贡献，并对其进行了横向的国际比较。他认为，一方面，流通产业日益成为基础产业或先导性产业，其贡献正在不断显现和增大。另一方面，流通产业仍然是国民经济的薄弱环节，它的贡献率与发达国家相比还比较低。因此，必须充分认识流通产业的地位与作用，大力发展现代流通业，提高流通产业的贡献程度：①实施流通产业扶持政策，促进流通领域的基础设施、管理、信息和经营方式等的现代化。②因地制宜地实施流通产业组织政策，既要促进流通产业的组织化，支持组建大型流通企业集团，走流通产业国际化道路，又要控制垄断，维持良好的市场竞争秩序。③降低流通产业门槛，积极鼓励投资者进入，并且帮助经营失败者退出，充分发挥流通产业吸纳就业的功能。④要在西部大开发以及开拓广大农村市场的实践中大力推动流通产业发展，充分发挥流通产业扩大内需、引导生产的先导作用。⑤推动城市化进程，在城市化与商品流通的互动中寻求流通业大发展。王德章、宋德军（2007）从流通业与城市发展之间的关联关系出发进行了实证考察，结果表明，流通业对城市的就业和消费均有较强的带动作用，但是这种带动作用的地区差异非常显著，东部、中部与西部流通业对国内生产总值（GDP）的贡献度比为1：0.71：0.52，对消费的贡献度比为1：0.73：0.58，对就业贡献度比为1：0.43：0.76，地区间差距十分明显，尤其西部，“流通先导”地位未能确立，大市场、大流通格局尚未形成，该研究对现实中比较突出的地区经济差距问题具有重要的政策借鉴意义。赵萍（2007）认为，在测算流通业对经济增长的贡献时所采用的传统的定量分析方法低估了流通业的溢出效应，并不能充分体现出流通业对经济发展的巨大推动作用，因为社会享用了现代流通服务的外溢利益，但社会并不需要为使用这种外溢利益而支付费用。因此，流通产业的外溢利益没有被计入社会经济增长的统计过程中，没有实实在在地体现在统计数字之中。以前的研究注重测算流通产业增长与国民经济增长之间的相关系数，仅仅计算了流通产业对经济增长的直接贡献，传统的分析方法很可能低估了流通产业对经济增长的真正贡献。赵凯、宋则（2009）通过构建商贸流通服务业对经济增长的影响力模型对商贸流通服务业的影响力进行了全面而系统的测算，结果表明，商贸流通服务业对经济增长的间接影响力要远高于其对经济增长的直接影响力，商贸流通服务业同其他服务业一样，不仅存在可识别的直接影响力，而且存在较为隐蔽但仍然可识别的更强烈、更巨大的间接影响力。提高商贸流通服务业影响力对策的关键是在深化市场经济体制改革的前提下，构建流通基本空间元素和基本功能元素，促使流通产业内空间结构和功能结构的合理化和高度化。祝合良、李晓慧（2011）从扩大内需视角指出，流通业自身的结构和发展水平与消费直接相关，我国流通业发展制约了其扩大内需的作用，扩大内需主要从以下几个方面实现：就消费结构而言，促进消费结构升级，通过满足多层次、多样化、个性化的消费需求，从而拉动消费需求；就消费市场而言，一是拉动农村消费，开拓潜力巨大的农村市场，二是扩大城市消费，进一步拓展城市消费市场；就消费空间而言，通过发展便利消费，实现消费促进和空间扩大；就消费成本而言，通过降低消费成本，提高消费需求；就消费模式而言，发展新型消费模式，扩大居民消费。无论是消费结构、消费市场、消费空间、消费成本，还是消费模式，都对我国流通业体系结构提出了更高要求，需要改变传统的流通结构和组织模式。近年来，虽然较少有学者研究流通业集约化问题，特别是流通业集约化评价的相关文献几乎没有，但是，流通业集约化的重要评价指标之一是流通效率，因此，可以从国内外学者对流通业效率的测度角度来考察流通业集约化的水平。

由于国外学者没有对流通业进行系统研究，其对流通业效率的研究主要是对流通业细分行业的效率研究。达伦等（Dalen et al.，1990）采用德国批发业 1979～1985 年的相关数据对其劳动生产率进行实证测算后发现，批发业的劳动生产率受到库存周转率、劳动者质量、分销渠道和运营模式等多个方面的影响。坎贝尔和霍彭海恩（Campbell & Hopenhayn，2005）通过实证考察美国225个城市零售业规模对13个零售业的规模分布的影响表明，具有较大规模的城市，其零售企业的规模也相应较大。莫雷诺（Moreno，2008）运用非参数的DEA对西班牙零售企业的生产率进行了实证测算，结果表明，各零售企业的生产率情况千差万别，既有正增长，也有负增长，全要素生产率增长的主要原因是技术进步，而技术效率对生产率的影响非常有限。佩里戈和巴罗斯（Perrigot & Barros，2008）选取法国零售业的相关数据，首先对零售企业的配置效率和技术效率进行了实证测算，在此基础上实证考察了流通企业效率的影响因素。詹森和谢尔吉亚（Janssen & Shelegia，2015）从信息不对称视角研究零售业的流通效率，他们认为消费者对零售商的批发价格不知情的情况下所产生的效率低下有所低估，消费者搜索为垄断厂商提供了增加价格的额外动机，加剧了双重边际化问题，降低了制造商的利润。然而，在更具竞争力的批发市场，制造商可能没有动机向消费者展示其价格。拉加科斯（Lagakos，2016）认为，在发展中国家，由于先进技术采用过程中产生的摩擦带来的效率损失的原因，增加零售生产率的政策并不一定会增加福利，发展中国家的零售贸易行业应该合理地选择低劳动生产率的技术。

洪涛（2012）认为，流通业的流通效率有多层含义：一是，在单位时间内，流通领域内有效流通的商品价值量与产生的流通费用之间的比例。二是，商品流通过程中所使用的投入与对应产出之间的比例关系，投入包含流通过程中物化劳动和活劳动的投入，产出包含着流通业所产生的生态效益、社会效益和经济效益。三是，在现有技术条件下，实现流通效率的最优化，这种最优化的直观体现可以是既定成本下的产出最大化，也可以是既定产出下的成本最小化。现代流通业应注重流通的经济效率、社会效率、生态效率，特别是生态效率是过去我们忽视的内容，应该成为提高流通效率的重要内容之一，以推动我国整个社会的综合转型。荆林波（2013）采用2004～2011年我国流通业的相关统计数据，选取流通业人均年毛利、流通业人均年销售额、库存周转率、总资本周转率等指标对我国流通业效率进行实证测算，并根据实证结果指明中国流通业未来发展的路径和创新方向：流通发展方式的转变既是整个经济发展方式转变的重要组成部分，又是实现经济发展方式转变的前提条件。基于对中国流通产业效率的定量分析，有必要在体制、机制和模式上进行创新，提高中国流通效率。郭守亭、俞彤晖（2013）以我国 1995 ~2011 年流通业相关数据作为数据基础，使用 SPSS19.0 统计软件从资本、市场、人员和企业四个维度出发，通过选取 15 个基础性指标构建出一个涵盖范围较广的流通效率的相应测算指标体系对我国流通业效率进行测算，结果表明，我国流通业效率总体上呈现出稳步上升的长期趋势，但短期内偶有波动，在考察期内大体上经历了平稳发展、急速上升和平稳增长三个阶段，无论从产业功能还是产业价值上看都应重视流通产业，同时应树立“大市场、大流通、大商业”的观念，消除政策上对流通产业的歧视，完善支持流通产业发展的政策，加快流通产业转型升级的步伐。加强区域间流通业发展合作机制，重视流通业增长的区域差异，统领区域经济发展规划，促进流通产业的区域协调发展和统一市场的建立。陈宇峰和章武滨（2015）选取我国 29 个省份 1997 ~2010 年流通业省际层面的相应数据，采用超效率 DEA 对我国流通业省际层面的效率进行测算，并对其演进趋势和影响因素进行了系统而深入的分析，结果表明，对外开放程度对流通业效率水平的影响效果非常显著，而且是正向提升效率的。产业结构对效率存在正向的影响作用。资本存量和政府财政支出比重对流通效率存在负向的影响作用。市场化程度越高，效率亦随之提高。另外城市化水平对效率也有显著的促进作用，因此，需要我们把握扩大内需这一战略基点，加快建立扩大消费需求的长效机制，释放居民尤其是农村居民的消费潜力。坚持走中国特色的新型工业化、信息化、城镇化、农业现代化道路，推动工业化和城镇化良性互动、城镇化和农业现代化相互协调，稳步提升各地区的城市化水平，进而更好地提升各地区的商贸流通效率，促进两者和谐发展。陈耀庭、戴俊玉、管曦（2015）采用案例分析方法并利用流通成本、流通费用率、利润率、生产者分得比率四个指标对四种流通模式的流通效率进行测试，研究发现，蕉农自销型的流通效率在流通成本、流通费用率、生产者分得比率三项指标中排名第一，而超市模式在利润率指标中排名第一，超市模式在流通过程中通过增加投资获得溢价，故难以用生产者分得比率进行测量。通过分析发现流通效率并不能简单地用某个指标进行衡量，而应从不同主体出发寻找适合的相关指标。如果从生产者的角度来衡量流通效率，则生产者分得比率非常适合。从流通者的角度出发，流通成本和流通费用率是衡量流通效率的主要手段。从消费者角度出发，消费者满意度才是衡量流通效率的主要指标。王晓东和王诗桪（2016）利用拓展的两阶段 DEA 模型和 Tobit 模型分析了物流基础设施水平、渠道长度、流通规模、政府参与、连锁化与信息化水平等对流通效率的影响，研究发现，信息化水平、政府参与程度、物流基础设施水平和流通渠道长度对流通效率均有显著影响，流通规模与连锁化水平对流通效率的影响并不显著，基于效率测度和模型分析，主要得出如下结论：第一，鉴于流通渠道长度、信息化发展对于流通效率所表现出的负面影响，未来应在兼顾批零合理分工的前提下，适度加强批零一体化发展，同时，逐步提升电子商务对零售效率的正面作用。第二，政府参与、物流基础设施水平对流通效率具有显著的正面影响，地方政府对批零环节的行为规范进行适度规制和针对性调节，减轻批发环节中的物流制度性成本，能够进一步扩大政府、物流等因素的正面作用。第三，流通规模、连锁化水平对流通效率的影响并不显著，而规范零售行业竞争秩序与准入门槛、对连锁化经营审慎决策能够减轻上述因素的负面影响，逐步提升正面作用，并使之最终正面影响流通效率。

1.3.5 流通业集约化研究的评述

综上所述，集约化研究起源于早期李嘉图、马克思等伟大的经济学家对地租理论的探索，逐步在农业发展研究领域展开并沿用至今。集约化的研究领域由农业扩展到整个经济领域主要是由社会主义国家的经济学家推进的，西方经济学家虽然也对相关问题有所研究，但不使用集约化这个概念，这与西方主流经济学对流通问题的忽视比较类似。无论是西方主流经济学界还是社会主义国家的经济学界，无论是否直接使用流通业集约化这个概念，在经济学的研究历程中，还是产生出了大量富有开创性和洞见性的流通业集约化的思想，这对后来者开展相关研究提供了坚实的基础，使后来者能够从中汲取研究流通业集约化所必不可少的思想和方法。但是，前述研究在取得一系列具有开创性和突破性成果的同时依然存在着一些不足之处：第一，大多数研究文献在研究流通业集约化问题时均选择定性的规范分析方法，研究思路遵循着一定的固有路线，先是结合流通业的发展现状指出流通业所存在的问题，然后从政府、企业、社会、产业自身等多个维度阐述流通业增长方式转变的必要性，进而提出推动流通业增长方式转变的具体措施，而缺乏系统缜密的实证分析，这使得研究结论的信服力大大削弱。第二，大多数现有的流通业集约化的相关研究成果的研究深度较为浅显，绝大部分仅仅是对流通业现状的简单描述或者流通业所存在问题的简要梳理，而能够综合运用主流经济学的规范分析方法和实证分析方法从多维度和多层面对流通业集约化问题进行系统而深入的研究剖析的学术成果相对较少，这也在一定程度上反映出流通业相关研究领域的学者对流通业集约化理论层面研究的重视程度不够，这也严重制约了流通业在整个经济学研究体系中地位的提升。第三，现有文献中研究流通业集约化问题的视角较为单一，绝大部分研究文献将研究视角聚焦于经济增长、产业结构或产业组织等众多方面中的一个，且大部分文献所论述的内容大同小异，目前还没有文献从流通业集约化的概念、内涵、理论逻辑、路径、衡量指标等多个层面对流通业集约化进行系统而深入研究的文献。第四，由于流通业和流通业集约化一直属于西方主流经济学研究领域之外的内容，其实证的测度和评价要参照主流经济学对其他类似问题的处理方式，这在一定程度上忽略了流通业的特殊性，在实证方面缺乏必要的理论说明。前人的研究成果为本书研究的开展打下了坚实的基础，同时其不足之处也为本书提供了拓展和整合的空间。

1.4 研究内容

本书以中国流通业集约化为研究主体，以一般均衡理论、产业组织理论、流通理论等为理论基础，在对流通业集约化进行理论层面深度梳理和挖掘的基础上，探索流通业集约化的理论逻辑和实现路径，力求通过中国流通业集约化带动中国实现迈向流通强国的目标。本书共分为以下 8 个章节。

第 1 章为绪论部分。主要阐述本书所研究问题的研究背景、研究目的、研究意义、研究方法、研究内容、创新点和研究框架等，以及从集约化概念、流通业集约化内涵、流通业集约化的评价等层面对现有文献进行梳理，对现有理论和文献进行述评，并依托现有理论和文献阐明本书的研究视角。

第2章为流通业集约化的理论基础。结合本书力图研究的流通业集约化问题，本章系统回顾、梳理和总结归纳了与流通业集约化问题密切相关的一般均衡理论、产业组织理论、流通理论等，进而为研究中国流通业集约化构建出一套全面而深入的理论框架提供理论基础。

第3章为流通业集约化的理论框架构建。在恰当的理论基础支撑下，通过构建的数理模型并对其进行缜密而严谨的数理推导，揭示出流通业集约化的运行机理。首先，本章通过构建基于一般均衡分析的世代交叠模型，从流通业总体视角分析流通业集约化的稳态条件、影响因素和演进动因等。其次，基于双边市场理论，从流通业企业的微观主体视角构建流通业集约化的三方博弈模型，通过对模型结果进行系统分析，进而揭示出企业层面的流通业集约化的动力机制。

第4章为流通业集约化的技术创新驱动：基于技术革命背景。本章首先对技术革命的内涵和特征进行剖析。其次，从市场、流通职能、消费者思维等方面阐述技术革命对流通业集约化的革新。最后，从结构优化和再造、业态创新等方面分析技术革命对流通业集约化的再造。

第5章为流通业产业关联与波及效应的演化分析。本章承袭前面章节对流通业集约化的理论分析以及技术革命对于流通业集约化的影响，并结合流通业自身特点对流通业产业关联与波及效应的演化过程进行分析，为后面章节流通业集约化的测度和分析提供基础支撑。本章主要是采用投入产出法，通过计算流通业的中间需求率、中间投入率、感应度系数、影响力系数等指标分析流通业的前向联系和后向联系，进而探究流通业的产业关联与波及效应。

第6章为中国流通业集约化水平的测度及其影响因素分析。本章主要由两部分构成：一是在明确厘清流通业集约度的计算方法与逻辑的基础上，采用基于DEA的Malmquist指数方法计算出中国流通业省际层面的全要素生产率，然后结合前述章节中流通业集约度的定义和测算公式对中国流通业的集约化水平进行测度。二是采用系统GMM动态面板分析方法，实证检验中国流通业集约化水平在省际层面呈现差异化的影响因素，并结合前述章节数理分析对实证结果进行深入剖析。

第7章为中国流通业集约化的路径选择。首先是从理论和现实层面对流通业集约化现实路径选择的依据进行分析。其次，给出中国流通业集约化提升的现实路径。最后，从产业、企业、技术三个层面对提升流通业集约化的现实路径选择的支撑体系进行梳理。

第 8 章为结论和展望。根据前面章节的理论分析和实证研究得出本书结论，并针对其中反映出来的问题提出与之相对应的政策建议，最后阐述本书研究中所存在的不足之处和接下来进一步研究的方向。

1.5 研究方法与技术路线

1.5.1 研究方法

本书整体上综合运用规范分析和实证分析相结合的方法，以定性分析的结论来指导定量分析，用定量分析的结果来支撑定性分析，多层次、多维度、系统性地研究中国流通业的集约化问题。具体研究方法如下：

规范分析。经济理论是所有理论性研究工作的基石，缺乏理论支撑的研究仅能够简单反映事物的表象，而不能从更深的层次上揭示事物的本质特征，这在已有的相关研究成果中已有所体现。因此，本书在研究流通业集约化问题时充分认识到理论分析的重要性，注重结合产业组织理论、流通理论和一般均衡分析理论等相关经济理论分析问题。在系统而缜密的理论分析基础上，选取恰当的实证分析方法进行实证检验，并且运用基于已有理论构建起的理论模型对实证结果形成的内在机制进行深入剖析，最终得出更具有针对性和实用性的政策建议。

比较分析。通过对流通业集约度及其影响因素在全国层面、地区层面和省际层面进行纵向和横向的对比研究，能够更加直观地揭示出流通业集约化在不同维度上存在的发展差异，有助于加深对所研究问题的进一步剖析。

实证分析。理论只有与实践相结合才能体现出其现实意义，特别是像经济学这样的社会科学，其精髓正在于对社会经济现象的升华和提炼，否则任何对理论的完美演绎都有可能沦为无源之水、无本之木。本书在对流通业集约化进行理论探讨的基础上，通过选择合适的实证方法对流通业集约化相应指标进行测度。

归纳法。基于流通业集约化的理论探讨和中国流通业集约化的测度，归纳出提升中国流通业集约化的现实路径及其支撑体系，并给出相对应的政策建议。

1.5.2 技术路线

具体技术路线见图1-1。

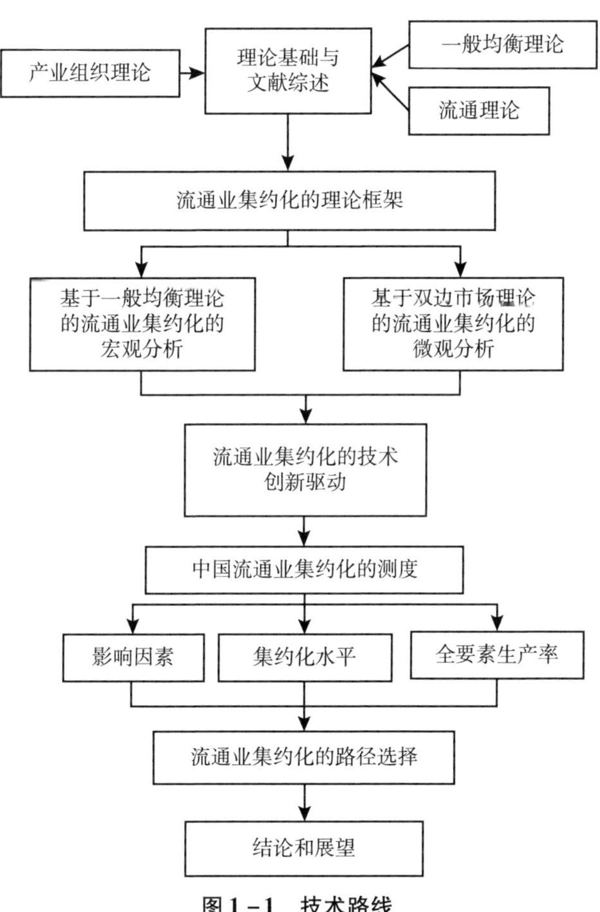

图1-1 技术路线

1.6 本书的创新之处

本书的创新之处主要体现在以下几点。

1. 研究视野创新

本身国内研究流通业集约化的相关文献就比较少，且多集中于20世纪90年代，近十几年几乎没有研究流通业集约化的文献。由于西方主流经济学界没有流通业和流通业集约化的提法，更没有相关的研究文献。早期研究多是集中于对中国流通业集约化问题的讨论，无论是在时间维度还是空间维度上都有很大的局限性。本书在分析中国流通业集约化问题时，通过构建严谨的理论分析框架，并且在对中国流通业集约化水平的实证检验中引出中国流通业集约化自身的纵向对比以及中国各地区之间的横向对比，在时间和空间两个维度上拓展了研究视野。

2. 研究思路创新

以往相关研究的理论基础往往将流通业集约化局限在流通理论的范畴内，而与主流经济学研究体系存在着一定程度上的脱节。本书将一般均衡理论、流通理论、产业组织理论结合起来，从宏观层面、微观层面、技术层面三个角度出发，构建流通业集约化研究的理论支撑，剖析流通业集约化的理论机理和动力机制，对开展流通业集约化等相关问题的研究提供了一定的借鉴。

3. 研究方法创新

国内早期研究流通集约化的文献往往是针对中国流通业的现状、问题、对策进行分析，缺乏足够的数据支撑，采用计量经济学方法对流通业集约化进行科学测度和评价的文献还十分匮乏。本书在对流通集约化进行充分理论探讨的基础上，引入数理分析、实证分析等方法，实现对流通业集约化的合理测度和检验，通过规范分析与实证分析的结合，使得该研究体系更加完备。

4. 研究结果创新

流通业集约化的一般均衡分析结果表明，流通业集约度的主要影响因素是全要素生产率，但同时还会受到劳动、资本等生产要素投入的影响，这佐证了流通业集约度的衡量指标不能简单定义为全要素生产率，而应该综合考虑劳动、资本等生产要素和全要素生产率对增长的相对贡献。实证结果表明，中西部地区集约化水平显著高于东部地区，这与各地区经济发展水平相悖，造成这一结果的主要原因是东部地区流通业具有显著的要素资源投入优势，形成了较强的挤出效应，有形要素投入增加对流通业发展的贡献挤压了全要素生产率对流通业发展的相对贡献。

第 2 章　流通业集约化的理论基础

系统而深入地研究中国流通业集约化问题需要以已有的成熟的相关理论作为必要的理论支撑，作为全书的理论逻辑起点和基础，本章系统性地梳理了与流通业集约化研究相关的理论。结合本书力图研究的流通业集约化问题，本章系统回顾、梳理、归纳并总结了与本书研究问题密切相关的一般均衡理论、产业组织理论、流通理论等，进而为研究中国流通业集约化构建出一套全面而深入的理论框架。

2.1　一般均衡理论

一般均衡理论是主流经济学体系中的重要组成部分，主流微观经济学的理论体系以及众多宏观经济领域的重要理论都是基于该理论构建的。1874 年，法国著名经济学家莱昂·瓦尔拉斯（Leou Walras）在其所著的《纯粹经济学要义》一书中第一次提出一般均衡的思想，并对其进行了系统阐述和说明①。其后，约翰·希克斯（John R. Hicks）、肯尼斯·阿罗（Kenneth J. Arrow）、罗拉尔·德布鲁（Gerard Debreu）、格朗蒙（Grandmont）沿着瓦尔拉斯的一般均衡理论对该理论进行了扩展和补充。接下来主要介绍一般均衡理论中比较重要的三个：瓦尔拉斯的一般均衡理论、希克斯一般均衡理论、阿罗—德布鲁一般均衡理论。

---

① 法国著名经济学家莱昂·瓦尔拉斯是西方经济学边际主义的重要奠基人之一，《纯粹经济学要义》是其代表作，他在该书中系统阐述了其一般均衡理论和边际理论。

2.1.1　瓦尔拉斯一般均衡理论

在《纯粹经济学要义》一书中，瓦尔拉斯提出，当整个经济体系达到均衡状态时，这个经济体系中的所有的消费品和生产资料的价格和供求数量都会达到一个稳定的均衡值，这是其一般均衡理论的核心思想。瓦尔拉斯以边际效用价值论为基础构建了自己的价格理论，他也因此被公认为边际效用学派的创始人之一。瓦尔拉斯认为价值决定和价格决定本质上一样，因此价值或者价格达到均衡状态的过程也是一致的。在其理论体系中，价格决定的最终原因是商品的稀缺性，各种商品和服务的价格与其对应的供求数量是紧密联系在一起的，经济体系中的所有商品和服务共同构成一个协调统一的整体，其中任何一种商品或服务的价格或供求数量因为受到外部冲击发生变化都会对其他商品和服务的价格和供求数量产生影响，因此，简单地将研究对象局限于某一种商品或单个市场具有较大的局限性，必须以整体思维来分析全部市场上所有商品的供求数量和价格的变化。单种商品和单一市场不能实现自身独立的均衡，只有当经济体系中包含的所有的市场都达到均衡状态时，任何单一商品或者单一市场所达到的均衡状态才是稳定的。

瓦尔拉斯的一般均衡理论建立在以下几个假设条件之上：首先，市场是完全信息市场，市场上的所有参与者都拥有完全信息。其次，经济体的运行状态是稳定的，不存在任何的不确定信息，市场参与者无须为预防意外事件的发生而储蓄货币资产。再次，没有虚假交易的存在，在市场形成均衡价格时达成所有的交易。最后，经济体系足够大，以确保拥有足够多的参与者，进而符合其“无条件剩余”要求。即使瓦尔拉斯为确保其理论体系的完整性设立了非常严苛的假设条件，但是依然不能确保整个经济体系达到均衡状态。在其理论体系中，要确保经济体系能够达到均衡状态，那么就要求其构建的方程组能够求解出均衡解，而方程组能得到均衡解还需要满足两个条件：一是方程组中的方程数量要多于需要求解的未知数的个数。二是方程组中所有的方程必须都是线性方程，而且方程组中的所有方程之间都必须是线性无关的。此外，瓦尔拉斯的一般均衡分析理论体系中推导得到的唯一的均衡价格可能出现价格为零甚至是负数的情况，这就要求该体系要将市场上的所有商品包含在内，显而易见，这在现实中是无法做到的。尽管瓦尔拉斯的一般均衡理论存在着较多缺陷，但是它为后来的研究者搭建起了基础性的研究框架和思路，为后来者开展研究打下了坚实的基础，具有重大的学术意义。

2.1.2 希克斯一般均衡理论

在瓦尔拉斯的一般均衡理论基础上，希克斯系统阐述了其一般均衡理论。希克斯将一般均衡分为静态一般均衡和动态一般均衡。静态一般均衡是指在某一个特定的时间内，需求和资源条件等外生变量都保持不变，所有参与者都能够从可供他们选择的多种方案中确定他们所购买的商品的种类和数量。与静态一般均衡相比，动态一般均衡加入了时间变化这一动态概念，需要分析达到均衡状态的过程以及从一个短期一般均衡状态跨越到另一个短期一般均衡状态的作用机理。学术界普遍认为，希克斯对一般均衡理论的主要贡献是动态一般均衡理论。

希克斯的动态一般均衡理论主要基于三个基本概念：一是星期，这里的星期是泛指的概念，代表参与者做出两个购买决定之间的间歇时间。二是计划，计划是指消费者根据自己所掌握的市场信息做出当期购买或未来购买的决定，其购买计划受到当期价格和未来预期价格两个因素的影响。三是预期，主要是指所有的参与者对他们所要购买的商品的未来预期价格，这会影响到他们的当期购买选择和未来购买选择。所有的参与者给出商品的未来预期价格时都需要考虑到不确定性风险的存在并将这种不确定性风险纳入自己的预期之中。希克斯认为，星期、计划和预期三个概念的引入使得其静态一般均衡分析在动态领域依然适用。参与者可以根据当期选择与上一期选择的差异来预估下一期的选择行为，然后加入对环境变化的预期，最终使自己下一期的均衡状态与当期的均衡状态有所差别，进而将静态一般均衡分析应用到其动态一般均衡分析过程中。

2.1.3 阿罗—德布鲁一般均衡理论

前面提到，瓦尔拉斯一般均衡理论并不能确保一定能够达到均衡状态，而阿罗—德布鲁一般均衡理论的主要贡献就在于通过构建数学模型证明了瓦尔拉斯一般均衡的存在性。阿罗—德布鲁一般均衡存在性的证明基于以下两个假设前提条件：一是生产集合和消费集合都必须是凸集，二是经济体系中的所有参与者都拥有其他参与者所需要购买到的资源。阿罗—德布鲁一般均衡的整体稳定性依赖于所有的参与者都具有对总需求水平的正确认知，而且所有的最终交易都必须保证按照均衡价格进行。

与新古典经济学和瓦尔拉斯一般均衡理论在研究对象和模型设定上保持一致，阿罗—德布鲁的一般均衡理论的研究对象同样是完全竞争市场，并且在分析过程中将市场上的制度安排假定为外生给定的变量。该理论认为，一旦市场达到稳定的均衡状态，商品的价格就失去了变化的动力，均衡状态也就能够稳定维持下去。这一方面反映了其模型结果的稳定性，另一方面也制约了其由静态向动态的拓展，削弱了模型的解释力。此外，无论是瓦尔拉斯一般均衡理论，还是阿罗—德布鲁一般均衡理论，都属于新古典经济学派理论体系的组成部分。新古典经济学派一直强调市场的有效性，支持自由市场经济，反对政府干预。然而，作为政府干预政府的理论基础的市场失灵就是由一般均衡理论引申得到的。

2.2 产业组织理论

产业组织理论的思想由来已久，牛丽贤、张寿庭（2010）认为，产业组织理论的思想萌芽最早可以追溯到公元前四世纪，当时柏拉图（Plato）已经提出了专业化分工可以提高生产能力的思想。一般认为，产业组织理论的起源是经济学的奠基人亚当·斯密（Adam Smith），其在所著的《国民财富的性质和原因的分析》一书中系统阐述了由市场自发的竞争机制所形成的价格体系是如何通过“看不见的手”创造出一个理想的市场秩序[①]。他指出，商人出于寻求个人利益最大化的目标，其个人利益与社会利益存在非一致性，他们总是力图通过减少竞争和拓展市场来增加自身的利润。

亚当·斯密在研究市场的运作机制时，主要是将关注点放在市场的

① 亚当·斯密在《国富论》中论述没有对进口和资本的使用进行限制时使用了“看不见的手”一词（中国华侨出版社2019年版，第456页）。

竞争机制和专业化分工上，而没有继续深入探讨市场的竞争机制与企业规模扩大所带来的规模经济之间的关系。阿尔费雷德·马歇尔（Alfred Marshall）在其所著的《产业贸易》一书中指出，规模经济就是不管企业初始目标如何，只要企业能够逐步降低生产成本，其生产规模就能够不断扩大，最终在市场上形成垄断。但是企业扼杀竞争获利和追求规模经济的行为两者是相背离的，这种悖论被学者们称为“马歇尔冲突”。在传统的经济学研究体系中，一般假定市场是完全竞争市场，马歇尔认为，现实中并不存在绝对的完全竞争市场，所有的市场都会包含或多或少的垄断因素。基于自身的垄断性，垄断企业会制定高于正常价格的市场价格，这在一定程度上会损害消费者的福利水平，并且会阻碍社会资源的优化配置。然而垄断企业的垄断地位并非静态不变，一旦其忽视了自身的科技进步和创新，就会有其他的企业进入市场并与原有的垄断企业展开新的竞争，这就是说，市场上的垄断现象是动态化过程中的暂时性现象，市场本身可以通过“看不见的手”来自发调节市场的运行机制，而无须政府干预。张伯伦（E. H. Chamberlin）对垄断竞争市场的理解与马歇尔的观点基本保持一致，但是他认为企业的垄断现象不是暂时的，而是长期客观存在的问题，市场自身并不能通过“看不见的手”的自发机制解决上述问题，政府需要通过宏观调控来干预市场。其观点的提出与当时的经济现实有关，特别是美国 20 世纪 20 年代末和 30 年代初所经历的史无前例的大萧条让当时的经济学家开始反思过去承袭的观点是否适用于新的现实。张伯伦和罗伯逊（D. H. Robertson）于 1933 年同一年先后出版了各自阐述其产业组织理论的著作《垄断竞争理论》和《不完全竞争经济学》，这被视为产业组织理论体系初步形成的标志。

2.2.1 哈佛学派的 SCP 范式

哈佛学派的代表人物主要有乔·贝恩（Joe Bain）、爱德华·梅森（Edward Mason）、凯恩、特纳（D. F. Turner）、谢勒（F. M. Scherer）等人，代表性的著作主要有《产业组织》《反托拉斯政策》《产业市场结构和经济绩效》等。哈佛学派以政府的反托拉斯政策作为自身的研究起点，经过不断研究逐渐打磨出著名的“市场结构—市场行为—市场绩效”（SCP）范式。1959 年，贝恩在其公开出版的《产业组织》一书中总结了哈佛学派在产业组织理论方面的研究成果，第一次系统性地构建起研究产业组织理论的基本分析框架，形成了一套完整的理论体系。根据 SCP 范式，市场结构、市场行为和市场绩效三者之间存在着密切相关的单向传导的影响关系：市场结构（市场结构主要包括市场需求的增长和价格弹性、规模经济、市场集中度、固定成本和可变成本的比例、市场的进入壁垒、产品的多样性以及产品差异度等）会决定市场行为（市场行为主要包括新产品研发、产品质量、宣传推广、销售、售后服务等），市场行为决定市场绩效（市场绩效主要包括产品价格、产品数量、生产成本、技术创新、利润和外部性等）。根据 SCP 范式的观点，在集中度高的行业中，居于市场垄断地位的企业出于谋求垄断利润的动机，一定会设置竞争障碍并提高自身商品的价格，甚至于采取阻碍技术进步的手段，最终造成不合理的低效的资源配置。针对这种现象，其主张政府通过制定相应的反垄断政策来强行改变市场结构，限制垄断企业的垄断力量，使市场能够保持适度竞争。

哈佛学派的 SCP 范式自产生以来就对产业组织研究领域产生了深远的影响，并在相当长的时间内成为产业组织领域研究的主流范式，即使现在依然有众多的学者基于该范式对产业组织的相关问题进行研究。SCP 范式的形成是以大量的经验性研究成果作为基础的，其单向传递关系在经验实证方面得到很好的验证，这是该范式的优势所在，但却不能掩盖其缺乏系统而深入的理论基础和理论层面分析的缺陷，特别是虽然该范式通过实证验证了其所提出的市场结构、市场行为、市场绩效三者之间的单向传递关系，却没有对上述三者之间这种单向传递关系的原因进行深入剖析。市场结构、市场行为、市场绩效三者之间的影响关系可能是单向传导机制，也可能是双向传导机制。此外，哈佛学派基于过去的经验判断，支持政府采取相关宏观调控政策和产业政策积极干预市场，而现实情况却是不断变化发展，特别是技术革命的冲击已经改变了原有的市场结构，导致其主张在学术界一直存在着较大的争议。

2.2.2　芝加哥学派的产业组织理论

20 世纪 70 年代以后，经过与哈佛学派进行了十余年的激烈学术争论后，以乔治·斯蒂格勒（George J. Stigler）、布罗曾（Brozen）、德姆塞茨（Demsetz）、波斯纳（Posner）等芝加哥大学教授为代表的芝加哥学派开始崛起并挑战了SCP范式在产业组织领域无可争议的权威地位。芝加哥学派认为，SCP范式所引申出来的反垄断政策因其僵化性反而起到了不好的效果，政府不应该对产业组织进行过多的干预，应该给予市场充分的自由竞争的空间，让市场参与者按照适者生存的法则公平自由地竞争，市场本身可以通过"看不见的手"最大化市场效率。芝加哥学派非常重视市场竞争效率的研究，其研究框架基于一般均衡分析进行构建。他们认为，市场本身能够自发实现均衡状态，无须政府干预，即使某些单一的市场中出现垄断现象，从长期看也不一定会导致低效，因此，他们反对政府对市场进行的无条件的干预。

芝加哥学派注重从严谨的经济理论的数理推导出发去分析问题，着重强调对其所推导出的经济理论进行相应的实证检验，他们极力反对哈佛学派所一直倡导和宣扬的"市场结构—市场行为—市场绩效"三者之间的单向传导机制，他们认为三者之间是双向互动的关系。他们首先根据理论基础和严谨的逻辑推演出价格理论，然后再进一步推导出其产业组织理论，这是其与哈佛学派的本质区别，也使得其相对于哈佛学派具有了更加扎实的理论根基。

在政策主张上，芝加哥学派也与哈佛学派截然相反，哈佛学派主张政府积极干预市场，而芝加哥学派认为政府应该尽量少干预市场，降低市场壁垒，让市场的力量来主导资源的优化配置，这样反而会提高消费者的福利水平。联系到当时的现实情况，美国经济正处于低潮阶段，对凯恩斯主义的政府干预主张的质疑愈发强烈，自由主义思潮开始席卷整个国家，芝加哥学派的观点也受到越来越多的认可，逐渐成为主流。尽管芝加哥学派的产业组织理论基于坚实的理论基础，然后通过严谨的数学推演而得出，在逻辑上似乎可以自洽并且无懈可击，但是其理论严重依赖于其自身的前提假设条件，一旦前提假设条件不成立，整个模型的推导即使完美无缺也失去了意义。同时，芝加哥学派的产业组织理论缺乏必要的经验检验作为验证，这也是其不足之处之一。

2.2.3 双边市场理论

双边市场理论是21世纪逐渐兴起的产业组织理论的前沿领域。双边市场的概念缘起于 1833 年席卷美国的“便士报纸”运动[①]，现实生活中普遍存在着一类同时向两端用户销售具有互补性和高度依赖型的产品或服务的双边企业，其市场结构与只向某一类消费者提供产品和服务的单边企业的市场结构完全不同，其定价策略也不再适用于边际成本定价法，其可以通过价格交叉补贴向市场某一端的客户收取低于边际成本的价格，这意味着传统的反垄断调查思路不再适用于该类企业，进而加大了反垄断调查的难度。

由于双边市场本身概念和范围的界定较为复杂，学术界对双边市场的定义尚未完全达成一致。学术界较为普遍接受的对双边市场的定义主要有以下三个。罗切特和梯若尔（Rochet & Tirole，2004）是最先尝试对双边市场进行定义的经济学家，他们认为在平台市场向平台两端的需求方所索取的价格总水平不变的情况下，如果平台企业对任意一端需求者收取的价格发生相对变化都会对总需求量产生直接的影响，那么这种市场结构就可以称为双边市场。如果平台市场上的总需求量只与总的价格水平相关，而与其向需求双方收取的相对价格无关，那么这种市场结构就是单边市场。他们对双边市场的定义是从价格结构的视角出发，而忽视了双边市场上普遍存在的交叉间接网络外部性。随后，阿姆斯特朗（Armstrong，2006）结合双边市场的网络外部性等特征指出，如果市场采取一定的价格策略向市场两端的需求方提供商品或者服务，而市场一边的需求方所获得的效用取决于市场另一边需求方的数量，这样的市场就可以被定义为双边市场。莱斯曼（Rysman，2006）认为，双边市场至少需要满足两个条件，一是两类不同的参与者在同一个平台上进行交易，二是市场一边的参与者所做出的决策能够通过外部性对市场另一边的参与者产生影响。

双边市场的特征主要有以下三个。一是交叉网络外部性。卡兹和夏皮罗（Katz & Shapiro，1985）最早于 1985 年提出传统的网络外部性的概念，它是指消费者从消费某种产品中所获得的效用会随着消费这种产品的消费者数量的增加而增加。而双边市场上所存在的网络外部性与此不同，双边市场上存在的网络外部性是一种交叉的间接网络外部性，具

① “便士报纸”运动的初衷是以低于报纸的实际成本的销售价格出售报纸，通过降低报纸的销售价格使更多的人能够购买到报纸，这极大增加了报纸的客户群，使报纸广告的商业价值得以体现，具有典型的双边市场属性。

体而言，消费者消费某种商品所获得的效用不取决于其同类消费者的数量，而是取决于市场另一端的参与者数量，这种外部性是间接的，同时是交叉存在的。二是价格的非对称性。市场上的平台企业向双方参与者所收取的价格不是基于边际成本定价法则制定的，它会在追求自身利益最大化的前提下，根据市场双方参与者的价格弹性向双方收取不同的价格。在价格总水平确定的情况下，它会向某一方参与者收取高于其边际成本的价格，而将所获得的超额收益部分补贴给另一方的参与者，用以吸引该方有更多的参与者加入。三是互补性和相互依赖性。根据双边市场的定义和前两个特征可以发现，市场两端的参与者通过平台所能获得的效用取决于市场另一端参与者的数量，如果市场某一端的消费者数量减少，另一端能从市场交易中获得的效用也会相应减少，更极端的情况是如果市场的某一端没有对应的参与者，那么另一端的参与者也就完全失去了留在该市场上的动力，因此双边市场具有高度的互补性和相互依赖性。

罗森（Rason，2004）将双边市场的定价策略归纳为以下四个方面。一是市场两边的参与者的价格弹性。与单边市场对消费者的定价策略相一致，双边市场的定价也遵循基于价格弹性定价的原则，它会向价格弹性较小的一边参与者收取较高的价格，而对价格弹性较大的另一边参与者收取更低的价格，这种价格差别是通过价格的交叉补贴来实现的。二是交叉网络外部性强度。市场某一边的参与者对市场另一边的参与者的交叉网络外部性越强，该类参与者对于整个市场的价值就会更大，因为它的存在可以显著提升整个市场的交易数量，为市场创造更大的价值，而市场也就会为了留住或者吸引更多的该类参与者而向他们收取更低的价格。三是参与者的单归属和多归属差异。单归属是指参与者只在某一个单一的双边市场平台上进行交易，多归属是指参与者同时在两个或者更多的双边市场平台上进行交易。双边市场平台为了扩大自身的交易量，往往会向单归属参与者收取更低的价格，而向多归属参与者收取更高的价格，通过价格歧视给参与者制造多归属的障碍，保持自身参与者的忠诚度。四是产品的差异化。传统的单边市场可以通过向用户提供差异化的产品和服务来实施不同的定价策略，双边市场同样如此。双边市场平台可以向参与者提供与其他平台不同的差异化产品来展开错位竞争，也可以通过向不同类型的参与者提供差异化的产品和服务来保证参与者对平台的忠诚度，对不同的参与者进行定位，增加平台对潜在参与者的吸引力。

双边市场理论将产业组织理论的研究对象由传统的单边市场扩展到双边市场领域，拓展了原有的产业组织理论的研究视野和思路，提高了产业组织理论对现实经济中的各种经济现象的解释能力。特别是随着互联网经济的发展，涌现出越来越多的具有双边市场属性的行业和市场，对整个经济的发展产生了不可忽视的重要作用，这也客观上加速了双边市场理论的形成和发展。但是，双边市场理论在反垄断调查和实证检验等方面仍然有待于进一步的发展。

2.3 流通理论

纵观整个经济学发展的历史进程，马克思是唯一的一位对流通进行全面而系统剖析的伟大的经济学家，马克思的经典著作《资本论》的主线之一即为流通。马克思的流通理论是指导我国流通经济发展和流通研究的重要理论基础。长期以来，西方主流经济学界均将经济学的研究重点放在生产领域、消费领域以及市场等方面，忽略了流通在经济运行中的作用。目前，西方经济学者对于流通理论的研究主要集中在新制度经济学、新兴古典经济学、区位经济学和城市经济学等一些非主流的经济学领域，并未形成完整的理论体系。我国学术界承袭马克思流通理论的思想脉络，结合中国经济发展的现状，先后提出了“流通先导产业论”“流通基础产业论”和“流通战略产业论”。

2.3.1 马克思流通理论

任何理论都不是由学者凭空臆造出来的，都无法脱离其所处时代的历史背景或是前人的理论探索，纵使如马克思这般一生总结创作出无数饱含对社会和人类的深刻见解的历史伟人也不例外。从马克思的思想理论来看，其在一定程度上受到了西方早期一些经济学家及经济流派的影响，这种影响有一部分是来自对其他学者思想的继承和发展，一部分是来自对其他学者观点的批判性解读和进一步深化。

在经济思想史中，虽然大家一致认为亚当·斯密是现代经济学的开山鼻祖，其《国民财富的性质和原因的研究》（现在通常被简称为《国富论》）的写就和发表被视为是经济学成为一门独立学科的标志，但也不能忽视其之前的一些重要的经济学流派及其思想在整个学科形成和发展过程中所起到的重要作用。其中两个比较重要的经济学思想流派是重商主义学派和重农主义学派，这两个学派对于流通问题的研究对西方主流经济学和马克思主义政治经济学都产生了深远影响。

一般认为，重商主义从传统意义上来讲是重视商业流通贸易发展的，英国等西方国家的崛起就得益于这种思想的指引。但是，丁涛指出，重商主义对于商业贸易的重视更多地体现在其对于国际贸易的重视而不是国内贸易中的商品流通，这主要源自重商主义对于贸易的理解。在重商主义思想体系中，国际贸易的结果就是一方得益的同时另一方蒙受相应的损失。也就是说，在重商主义信奉者看来，贸易并不会带来总财富的增长，它只不过是财富的一种转移而已。国际贸易可以通过不对等交易掠夺他国财富从而增加本国财富，而国内贸易的进行只不过是财富在一国内部的流转，其并不能带来财富增长，因此，国际贸易是有利于本国经济发展的，国内贸易对于经济发展并无实质性作用。这种思想导致英国等西方国家积极推进其国际贸易，而对国内贸易并未给予足够的重视，其崛起过程正是遵循该路径进行的。英国等西方国家与其他大洲国家进行的贸易本质上来说并非贸易，而是对其他国家财富的掠夺。正因如此，虽然这些国家从国际贸易中获得了丰厚的利润，但这些国家信奉重商主义的经济学者们并不认为国内的贸易流通也能像国际贸易流通一样带来财富增长。实际上，在国内层面，重商主义是“轻商”的，其并未意识到商品流通过程本身也会创造财富和价值这一核心问题，这也影响了马克思对于流通过程的认识。

随着时间推移，越来越多的学者对流通进行了更加深入的思索，重商主义的“轻商”性逐渐受到各种新思想的挑战。丁涛指出，重商主义将贸易看成了一种“零和博弈”，破除重商主义“轻商”思想的关键就在于将贸易的“零和博弈”思维转变为“正和博弈”思维，即贸易能够创造出新的财富。在对重商主义的思想进行批判性解读的过程中，大卫·休谟（David Hume）认为，一国财富的增长必然会导致另一个国家财富减少的观点是狭隘肤浅的，任何一个国家财富的增长不仅不会损害其他国家的利益，反而有利于其他国家财富的增加。如果贸易具有“正和博弈”属性，国内贸易商品流通就有了发展的理论依据，而且这一观点在 18 世纪以后获得了越来越多的认可。遗憾的是，与此同时，威廉·配第（William Petty）提出的“土地是财富之母，劳动是财富之父”的著名论断将经济学的研究重心由贸易流通业转向了农业，这一观点的提出意味着重农主义思想开始萌芽。马克思给予了威廉·配第非常高的评价，称其为政治经济学之父。在威廉·配第思想的指引下，以弗朗斯瓦·魁奈（Francois Quesnay）为主要代表人物的重农主义学派以农业生产为主要研究领域展开研究，并取得了一系列具有划时代意义的重要成果，其中尤为突出的是弗朗斯瓦·魁奈的“经济表”和“自然秩序”。弗朗斯瓦·魁奈将经济社会中纷繁复杂的循环流转过程用一张简明扼要的图表来刻画，流通过程在其中用一条条直线所表示，他认为流通过程是会在自然秩序的引导下自发完成的。弗朗斯瓦·魁奈“经济表”的论述对马克思的经济学研究产生了深刻的影响。马克思所著《资本论》中“资本的流通过程”部分即可以视为马克思在弗朗斯瓦·魁奈的“经济表”基础之上对经济社会的进一步解读和重新阐述，马克思的论述是对弗朗斯瓦·魁奈的“经济表”思想的继承、完善和发展。

无论是重农主义学派还是重商主义学派，均未给予流通以充分的重视，这在很大程度上影响了后来的研究者的研究思路。从马克思对威廉·配第的高度评价及其对弗朗斯瓦·魁奈的“经济表”思想的传承与发展可以明显发现其流通理论形成的理论承袭。

马克思结合当时所处的资本主义生产过程的现实情况，从流通概念、流通形式、流通时间、流通费用、流通过程等多个方面构建起系统且深入的流通理论，揭示了流通的一般规律。马克思的流通理论体系主要包含三部分，分别是流通基本理论、流通具体体现方式和主要流通业的特点的剖析。

1. 流通基本理论

马克思认为，流通是指社会化生产中生产的产品从生产领域到最终消费领域的一系列中间流通过程，流通领域的出现是与伴随经济社会发展逐渐形成的社会化分工和生产的专业化密切相关的。崔向阳（2005）对此做了详细的解释：在生产技术水平相对落后的自给自足方式下的自然经济社会中，流通领域的存在土壤是不存在的，自然而然的流通领域也不存在。当生产技术水平高到一定程度，社会由自给自足方式下的自然经济社会发展到需要产品生产的分工协作和交换的商品经济社会，流通领域随之产生并得到不断的发展。在简单商品经济社会，流通领域相对于生产领域处于更加弱势的地位。此时，市场属于卖方市场，在整个社会商品生产流通体系中，最重要的问题是如何提高产品的生产效率、增加产品的生产数量，生产商品的企业不需要过多考虑市场需求问题。随着社会进步和生产率的不断提高，社会经济性质由简单商品经济社会逐渐过渡到发达商品经济社会，市场也逐渐由卖方市场逐渐转变为买方市场。在这种情况下，社会物质产品已经丰富到一定程度甚至于出现结构性过剩问题，生产在整个体系中所处的地位随之减弱，流通的地位将不断得到强化。

从马克思以商品交换为起点开始研究流通问题并将商品流通与直接的产品交换严格区分可以发现，商品流通是循环往复的社会化的交换行为。与商品流通相对应的是资本流通，其既是商品流通发展的产物，同时也是商品流通进一步发展的保证，两者是马克思流通基本理论中紧密联系而又有所差异的重要内容。商品流通是以货币为媒介（商品—货币—商品）的转移使用价值的商品交换过程，其为买而卖。而资本流通是以商品为中间过渡（货币—商品—货币）的转移交换价值的资本增值过程。两者在流通形式、流通目的、流通内容、货币体现方式等方面均存在本质区别。由此可见，马克思流通基本理论中的流通概念不仅仅是指狭义的商品流通，而且涵盖了货币流通、资本流通等更宽泛的概念。

马克思流通基本理论是对经济社会商品生产和交换过程进行高度抽象化后的一般性描述，具有很强的普适性。他认为，在当时的经济条件下，生产和交换是相互影响、相互作用的，前者决定后者，后者会对前者起到一定的反作用，最终起到决定性作用的是生产环节。同时，两者之间的这种作用关系并不是固态化的，会随经济社会的不断演进发生变化。马克思流通基本理论是从社会再生产的宏观角度对流通进行考察，它并不是着眼于具体商品的流通过程，其更多的是一种对经济社会中所有商品流转的一种一般化抽象。马克思的流通基本理论之所以没有从更加具体的微观角度去研究流通领域，很大程度上是受到了弗朗斯瓦·魁奈对于商品在经济社会中流通会由“自然秩序”自发引致这一思想的影响。

2. 流通的体现方式

流通在社会再生产中主要以两种方式具体体现出来，分别是流通时间和流通费用。一个完整的社会再生产循环体系包括了生产和流通，两者在时间上相互继起，在空间上相互交错。生产领域所花费的时间被称作是生产时间，与之相对应的流通时间就是指在流通领域中所需要花费的时间。崔向阳（2005）在对马克思流通理论进行深入的解读时指出，流通时间和生产时间两者之间是相互排斥的关系，流通时间因为其不能创造出新的价值会挤压生产时间。简单来看，在生产时间一定的情况下，商品的价值是确定的，流通时间越长，在一个完整的再循环系统中对价值的稀释会越大，必然会挤压生产在整个过程中所占的比例，这种挤压是相对挤压而不是绝对挤压，生产时间并未因流通时间的增加而缩短，商品的价值也并未因此而减少。但是，由于流通时间的增加导致一次社会再生产过程所占时间的增加，在一定时间内社会再生产的循环次数会减少，单位剩余价值的生产量会减少，社会所创造的总价值会减少。马克思已经意识到流通对于社会经济发展所起到的积极推动作用，但其研究目的是揭露资本主义社会中唯利是图的资本家对于付出艰辛劳动的无产阶级的剥削本质，因此在分析社会再生产时重点强调的问题是流通领域并不能创造出新的价值，这也正是马克思本人所多次强调过的阶级立场局限性的一种体现。

顾名思义，流通费用是在流通过程中所派生出来的费用。在马克思理论体系中，依据流通费用与价值或使用价值的相关性，流通费用可以区分为纯粹的流通费用和生产性的流通费用，两者分别对应于价值运动过程和使用价值的运动过程。李庆文（2010）指出，在马克思流通理论中，两者存在本质性差别，其补偿方式截然不同。纯粹的流通费用是指在交换过程中对商品交换起到衔接作用所不可或缺的费用。生产性的流通费用是指某一部分虽然是在流通过程中产生的但本质上是属于生产过程的费用。如果按照马克思对于价值的定义，两种流通费用都不能创造出新价值，但流通费用具有不可替代的重要作用，如果不花费流通费用，商品的使用价值就不能得到实现，特别是在现代高度发达的商品经济时代，商品的生产和交换对流通的依赖性更高，流通所起到的作用愈发重要，相应的流通费用相对于生产费用体现出逐渐增加的趋势，因此，流通费用的花费是必不可少的。而且从现代经济数据核算角度来看，流通领域能从自身发展和对其他行业的促进等两个方面促进经济增长，对经济社会并非全无益处，这一点马克思本人也给予了某些方面的肯定。

3. 主要流通业的特点

马克思对于流通业的描述主要集中在《资本论》一书中，在该书中马克思主要剖析了商业、对外贸易和运输业的特点，这三个行业在当时的经济社会中对经济发展起到至关重要的作用。

商业对经济发展的促进作用主要体现在三个方面。首先是社会资本的节约。专业化分工的出现，使得一部分流通费用得以节省。在资本总量有限的约束条件下，流通费用的节省就意味着可以将更多的资本投入到生产领域中去。基于马克思流通领域不创造新价值的思想，相同的资本总量下就可以创造出更多的价值。或者说，商业可以使创造相同的价值所需要花费的社会资本更少。其次是流通时间的节省。商业出现以后，商品形态的转化过程得以加快，缩短了流通所需要花费的时间。商业形态的转化过程直接影响到所需要花费的流通时间，进而影响整个社会再生产过程的时间。在相同的时间内，假设商品的生产时间不变，流通时间的缩短就可以有效缩短整个社会再生产过程的时间，从而实现更多的价值创造。最后是利润水平的提高。在流通费用节约和流通时间缩短的条件下，流通效率必然得到提高，尽管流通领域也会对生产领域所创造的新价值进行利润分成，但专业化分工所带来的流通效率的提升使得整个再生产过程的效率得到了总体提升。即使考虑到利润分配，生产领域所获得的利润水平仍然会高于没有流通领域的情况。

对外贸易对经济发展的促进作用主要体现在以下几个方面。首先，对外贸易扩大了市场规模，能够获得更多生产所需的原材料并且销售出更多的最终产品。开展对外贸易的国家面对的不再是市场有限的国内市场，而是整个世界市场，这对于那些工业革命后生产率大幅度提升的国家来说就相当于给本国经济插上了起飞的翅膀，英国、法国等国家的崛起在相当大程度上得益于对外贸易。其次，对外贸易可以熨平资本主义经济社会必然存在的波动现象，抵御经济危机的发生。在马克思看来，要保持经济的平稳健康持续运行，需要社会生产的两大部类之间按照其自身的再生产规律保持严格的比例关系，一旦这种比例关系被破坏，经济运行就会出现问题，这在资本主义社会是不可避免的。但是，通过对外贸易，这些国家可以将过剩商品转移到其他落后国家，从而避免经济危机的出现。再次，对外贸易节省了流通费用中的商品储备费用部分。为保证商品生产的正常运行，必然需要储备一定量的原材料，这是为预防随时可能发生的原材料短缺等问题。对外贸易的开展使得市场扩大为原有国内市场的几十倍甚至几百倍，原材料的采购和产品的销售随之也变得更加容易，发生原材料短缺或产品过剩危机的概率也随之降低，这就降低了原材料和商品的储备量，进而节省出大量的储备费用。最后，对外贸易催生出了信用制度，这是对外贸易促进经济发展的副产品，虽非对外贸易的直接目的，但却培育出了信用制度早期萌芽的土壤，这一对外贸易的副产品使得经济发展跨入了一个新阶段。

运输业直到现在仍然被公认为流通业中的重要组成部分之一，在当时的社会发展条件下其对于经济发展的促进作用尤甚于今。在当时的交通运输较为落后的条件下，运输业的发展是制约贸易开展范围的重要因素。如果没有航海技术的进步，西方早期工业革命国家只能被局限在一个非常狭小的空间内，即使在这些国家之间开展对外贸易，其效果也非常有限。运输业能够在相当大的程度上缩短商品的运输时间，从而缩短了整个再生产过程实现的时间。同时，运输业对运输时间的缩短就意味着空间地理位置之间的相对距离的缩短，一定运输时间范围内的市场也随之扩大。这也促进了交通便利的城市迅速发展壮大起来，形成区域发展中心。根据“自然秩序”，一个城市或国家的交通便利优势会吸引到更多的劳动力和资本，集中大量的生产要素和市场要素，组织起大规模的生产，销售出更多的最终商品，其经济发展必然会带来运输业进一步的发展，如此良性循环，不断推进其经济平稳高速持续发展①。

4. 马克思流通理论的发展

以马歇尔所建立的均衡价格论为分水岭，这之前的西方主流经济学家均对流通理论问题进行过较为深入的阐述，以亚当·斯密对于分工、交换的分析和大卫·李嘉图的比较优势理论为代表。这之后的西方主流经济学家的研究重点逐渐转向生产领域、消费领域以及市场等方面，忽略了流通在经济运行中的作用。目前，西方经济学者对于流通理论的研

① “自然秩序”是重农学派的重要观点，他们认为，与客观物质世界一样，人类社会也存在着各种不以人的意志为转移的客观规律。

究主要集中在新制度经济学、新兴古典经济学、区位经济学和城市经济学等一些非主流的经济学领域。由于研究立场不同，西方经济学者在研究流通问题时所选用的研究方法以及所得到的结论与马克思流通理论存在较大差异。中国一直坚持以马克思理论为指导，结合中国社会主义建设实践，在马克思主义中国化方面取得大量有重要理论意义和现实意义的突破性成果。

由于意识形态问题，马克思流通理论的继承和发展主要集中在社会主义国家，特别是苏联和中国。在苏联早期经济发展中，列宁等（Lenin et al.）领导人继承了马克思否定小农经济的思想，主张国家统一调配指挥下的集体生产和国家生产，这在具体实施中阻碍了生产力的发展。于是，苏联转而施行允许独立生产和私人贸易的新经济政策，这些经济政策的施行导致了剥削、操纵市场、脱离国家控制等问题。最终，苏联在总结其实践的经验与教训的基础上创造出有效衔接国家经济体制与小农经济的商业合作体制，这是一种理论与现实相互妥协后的折中结果。事实表明，改革过程中采取过于激进的改革方案往往会造成无法挽回的毁灭性灾难（苏联休克式改革方案最终导致国家解体就是最生动的例子），温和的改良型渐进式改革是更适合社会主义国家建设实践的，而且有利于在实践过程中不断对现有理论进行丰富发展。

我国著名经济学家孙冶方先生基于马克思关于流通理论的相关论述提出流通一般等一系列开创性的思想，对当时国内外占主导地位的自然经济论和无流通论进行了批判。张洪平、丁堡骏认为，尽管受所处时代的限制，孙冶方在研究流通一般问题时只能将商品流通、资本主义流通等问题进行抽象性描述，但其已经意识到流通在社会主义经济建设中所能发挥出的重要作用。但是，长期以来，在我国理论研究和实证工作中，都不同程度地存在着忽视流通的倾向。罗辉美指出，流通是商品经济运转中的关键环节，而流通体制方面的改革是整个经济体制改革中的一个重要的组成部分。其认为，在 20 世纪 80 年代的社会经济背景下，最重要的问题是应当把外贸、物资两大系统以外的社会商品内贸流通领域（即一般说的社会商业）的改革统一研究和管理起来，只有这样，通过宏观控制市场，市场诱导企业，才能使所有商业企业都在国家政策法规和平等条件下开展竞争，否则就难免导致市场失控和盲目竞争。总体来看，流通的功能可以概括为以下几个方面：第一，保证商流、物流、资金流、信息流的畅通。第二，引导生产和消费，促进供需协调发展。第三，整合资源，推动产业结构优化升级。第四，反映一国经济社会发展水平和人民生活质量。

2.3.2 流通先导产业论

流通先导产业论的代表人物主要有刘国光、宋则、王先庆等人。我国著名经济学家刘国光（1999）最先提出了流通先导产业论的概念，他认为，改革开放以来随着我国消费者主体整体向上位移，过去生产者是主体，现在是消费者权利上移，买方市场逐渐形成。消费者主权地位的确立，商业作为启动市场经济运行的起点，将会转化为周而复始的经济增长的新起点。也就是在把不断的即期需求、潜在需求转化为消费行为的过程当中，商品流通业将从计划经济体制下的一个末端行业，升级为社会主义市场经济体制下的一个先导行业。过去我们的经济叫资源约束型经济，现在是市场约束型经济；过去是供给约束型经济，现在变为需求约束型经济。商业在社会生产中的地位提高了，将由末端地位升为先导地位。随着我国商品市场逐渐由卖方市场转变为买方市场，消费者在交易中的主导权得以确立，消费对整个国民经济增长的贡献越来越大。作为连接前端生产和末端消费的中间环节，流通能够起到不断将消费者的当期需求和潜在需求转变为实际的消费行为的作用。在流通对消费的转化不断扩大的过程中，流通业在整个国民经济中已经从计划经济时代的末端产业上升为现行市场经济体制下的先导产业。宋则（2003）提出，由于中国市场经济体制形成时间短且不完善，与西方成熟的市场经济国家相比，中国存在市场传导机制缺失的问题，而这主要是流通业的职能。流通产业不应被继续有意无意地当作次要产业来看待，中国要将主要注意力从计划经济时代延续至今的制造业转向流通业，寻求借助流通业解决原有问题的新途径。从时间角度考察，流通产业通过其“减少耽搁或停顿”的天然职能，可以决定国民经济的运行节奏和速度。从空间角度考察，流通产业通过其“整合优化资源配置”的天然职能，可以决定各种经济结构。这是从时间继起和空间并存两个视角所做出的最高概括，同时又具有很强的政策含义。因此，政府在采用传统的货币政策、财政政策、产业政策解决上述问题的时候，可以选择充分发挥并且科学强化流通业在国民经济中的作用和功能，同时应该明确流通创新的核心思路是确立流通业的先导性地位。

伴随着市场经济的发展，全社会的生产能力不断提高，原来市场上的商品由“供过于求”无须考虑需求变为了“供大于求”的情况，商品市场逐渐由卖方市场过渡到买方市场，与之相对，流通业在整个国民经济体系中的地位逐渐由受到忽视的末端产业日益提升为重要的先导性产业。流通业的先导性主要体现在以下几个具体的方面：一是引导企业的生产行为。企业所决定的生产产品的种类和数量是由市场需求决定的，而市场需求的传导中枢是流通业。二是刺激消费需求。相对于生产企业，流通业更接近消费者，能够第一时间准确把握市场需求的变化，并一定程度上引导消费者的消费行为。三是产业关联。流通业是连接商品生产和消费的中间环节，起到在市场机制中传递商品和传导信息的作用，流通业的健康运行可以保证生产和消费的一致性，避免出现生产过剩和需求结构性短缺等问题。支持流通先导产业论观点的学者认为，流通业的发展水平能够直观地体现出一个国家或者地区的社会繁荣程度和经济发展水平，也能够侧面反映出其居民生活水平和综合国力。

王先庆和房永辉等人（2007）对流通先导产业论的现实基础进行了剖析，他们认为，流通业在国民经济中成为先导性产业的前提条件之一是不断提升流通业的先导力。按照他所下的定义，流通业的先导力是指一国或地区的流通业对整个国民经济发展所起到的推动和引导能力，主要包括流通业的导向力、推动力和传导力等，其具体衡量指标主要有流通业对国民经济增长的贡献率、流通业对就业的贡献率等。流通业成为先导性产业的另一个前提条件是流通业在生产和消费之间传输商品和传导信息的中间职能，但这种先导性并不是天然形成的，它与经济社会发展阶段密切相关。在自然经济时代和计划经济时代，流通业中间职能的作用对整个国民经济来说是无足轻重的。只有当市场经济经过较长时间的发展达到一定阶段，城市化水平、消费水平、工业化程度、市场发育水平等方面达到一定程度后，流通业的中间职能才会发挥出其应有的作用，进而发挥出流通业的先导性。此外，他们提出，流通业成为先导性产业的路径主要有市场推动型、制度推动型和资本推动型等。

2.3.3 流通基础产业论

早在20世纪90年代，就已经出现了对流通业基础性的研究，但当时流通业是国民经济体系中的基础性产业的观点还没有明确的提出来。直到2003年，我国著名流通专家黄国雄（2003）第一次提出了流通基础产业论的概念。他在对流通业的现状、特点、功能等进行分析的基础上提出，流通业在国民经济体系中不仅仅起到先导性的作用，更重要的是基础性作用，衡量一个产业是否是基础性产业主要有社会性、关联度、贡献率、就业率和不可替代性等几个基本特征，而流通业在这些方面都体现了其基础性作用。我国第一本系统阐述流通基础产业论的著作是2004年洪涛所著的《流通基础产业论》，他在书中指出，流通业的基础性主要体现在其较为广泛的市场经济效应和社会效应等方面，中国的流通业在整个国民经济体系中已经成为基础性产业，但是流通业的基础性地位还非常的不稳定。

流通基础产业论的核心观点是，流通业在整个国民经济体系中本质上属于基础性产业。根据判定一个产业是否能称为基础性产业的传统观点，基础性产业主要是指涵盖农业、工业、公共基础设施等行业的上游生产行业和环节，这是因为在商品经济不发达的时代，这些行业对国民经济体系的健康运行起到至关重要的作用。随着科技的进步和经济发展，国民经济中的产业结构已经发生了根本性的变化，第三产业增加值在国内生产总值中所占的比重已经超过了第一产业和第二产业的增加值，因此对基础产业也要有重新的认识。无论是从对经济增长的直接贡献还是间接贡献来看，流通业都毋庸置疑是国民经济体系中的基础性产业。商品社会发展进程中是先有交换然后衍生出流通，流通是交换的总体集合。商品社会发展的深入会导致专业化分工的出现，行业也会出现细化，商业就是经济发展到一定阶段以后从生产领域中分化形成的独立的行业，商业形成的基础条件是商品社会经过较长时间的发展逐渐由简单商品流通阶段发展到发达的商品流通阶段，它是发达的商品经济时代下流通组织形态在行业层面的具体呈现。经济社会进一步发展就会将商业推进到由批发零售业、交通运输及仓储业等众多行业组成的流通业。流通基础产业论的支持者认为，目前的中国流通业已经具备了基础产业的经济特征，成为国民经济体系中的基础性产业。

流通业具有将其自身确立为基础性产业的五大基本特征。一是社会化。流通业能够通过自身的运行在国民经济体系中为各种生产和生活活动提供它们所必需的各种商品和服务，既向终端的消费者提供他们日常生活所需要的各种各样的商品和服务，也为生产企业提供生产资料，并协助生产企业销售其所生产的商品和服务，其本质上是一种连接各方的社会性的经济活动。二是关联度。流通业的出现天然带有衔接国民经济体系中的其他行业的职能，这也是商品社会赋予其的职责所在，它在生产与消费、生产与生产之间架起了商流、物流、资金流、信息流传输的桥梁。三是贡献率。贡献率主要是指流通业增加值在国民生产总值中所占的比重，从中国的统计数据来看，流通业对中国经济发展的贡献越来越大。四是就业贡献。流通业在很大程度上承担了承接从第一产业和第二产业所释放出来的相对过剩的劳动力的作用，特别是各种新技术的应用和社会生产力的提高，原本吸纳较多劳动力的各种各样的生产性产业对就业的需求会越来越小，而流通业对就业的吸纳能力会不断增强。五是不可替代性。流通业在国民经济体系中的作用是其他产业所不能代替的，一旦将流通业从国民经济体系中剥离，国民经济体系将立即陷入崩溃。流通基础产业论认为，无论所提供的商品和服务是物质的还是精神的、有形的还是无形的，只要能够赋予这些商品和服务更多新的价值，那么本质上就是生产性劳动，而流通业既能够为整个经济体系提供各种有形的物质商品，同时又能够为其提供各种无形的优质服务，多形态、立体化地满足人民生活和社会生产中的各类需求，也是一种具有生产性特征的产业。在政策主张上，流通基础产业论者主张政府应该对流通业实行大力发展、重点扶持和优先安排的产业政策。

2.3.4 流通战略产业论

21 世纪以来，特别是中国加入世界贸易组织（WTO）以后，中国的对外开放程度不断提高，随之衍生出的国家政治和经济安全问题受到越来越多的关注。流通业在国民经济体系中的地位不断提高，对其进行重新定位和思考也是时代发展的客观需要，流通战略产业论正是在这一时代背景下应运而生，其代表人物主要有刘子峰（2004）、冉净斐和文启湘（2005）等。刘子峰（2004）通过对流通业的经济增长贡献率、产业关联度、就业贡献率以及国家经济安全战略等指标进行系统分析后提出，对中国的流通业的定位应该不仅仅局限于先导性产业和基础性产业，而是应该从更高的国家经济安全视角将其视为国家的战略性产业，他指出，现代流通产业内部，其经营方式正在经历着一场大变革，现代流通企业正在通过连锁经营、超市经营等先进的经营方式，将零散的流通渠道整合、集中成若干条发达的流通渠道中枢。这样，现代流通业就有能力通过对流通渠道的垄断实现对上游生产部门的控制，诸如麦德龙、沃尔玛等零售企业事实上已经在一定程度上实现了对某些生产企业的控制。这些零售业巨头一般会开出大批订单来压低进货价格、采用代销赊购甚至拖欠货款的方式，大量占用生产企业流动资金。上游生产企业则不得不委曲求全，薄利经营，以维持与它们的合作关系，不然其产品进入市场就会受到很大影响。一旦国内生产企业大部分的商流、物流、信息流和资金流被外资流通企业巨头所控制，企业也就在一定程度上丧失了生命线。此外，目前我国金融市场尚不完善，风险监管机制还不成熟，应对金融风险的能力非常有限。在此背景下，如果资金流过度集中于外资企业，这类资金在金融市场上的频繁进出必然会造成金融市场大的波动，甚至可能会引起整个国民经济的动荡。冉净斐和文启湘（2005）则是从国家竞争力、流通产业安全和流通竞争力的关系等角度阐述了之所以要将流通业提高到战略性产业高度的理论依据，他们认为政府应该制定大力发展流通战略产业的产业政策，因为随着贸易自由化进程的加快，流通产业已经全面对外开放。由于流通产业作为交换中介产业的特点，特别是在零售商与供应商的博弈中，具有垄断地位的零售商就可以运用自己的资金优势和市场优势，压低供应商的商品价格，迫使供应商成为商品供应链的一个附属链条，使供应商成为零售商的贴牌生产厂商，进而通过分销渠道控制一个国家的制造业，使大量的利润为具有垄断地位的零售商所占有，制造商的利润微薄。因此，外资进入流通行业后，如果不加以控制和约束，就很可能在流通行业占据垄断地位，进而操纵一个国家的工业，使东道国的制造业成为跨国垄断分销商的打工仔，从而威胁东道国的产业发展，影响东道国的产业结构升级和转换。因此，从这个意义上讲，流通产业又是一个关系国家安全的产业。许多拉美国家在分销领域放开后，被跨国垄断分销商控制了国家的经济命脉，造成了这些国家产业发展畸形，产业竞争力微弱，国民经济发展滞后的局面迄今难以扭转。因此，一些流通研究就提出了“没有主权商业，就没有主权工业；没有主权工商业，就没有主权经济。”一家法国媒体对法国流通业曾做出过如下评论：谁控制了法国的商业流通业，谁就控制了法国经济，谁就拥有了法国。

根据流通战略产业论的观点，国家应该从国家战略高度重新认识流通业对于维护国家经济安全和推动国家经济发展的重要意义，应该将流通业定位为国家的战略性产业。流通业的国家战略产业定位是由我国经济发展所处的时代现状和市场经济发展的客观规律共同决定的。纵观经济社会发展史，生产和流通在不同的历史发展阶段的地位和作用在不断的动态变化中。在自然经济社会和市场经济社会初期，经济体系能够生产并供给消费的商品始终有限，难以完全满足整个社会的生产需求和消费需求，生产在整个经济体系中居于主导性地位，而流通和消费等领域则相对次要。而随着科学技术的发展，社会生产力的不断提升，商品的供给无论是种类、数量和质量上都发生了根本性的变化，此时社会所能提高的产品在结构性上已经超过消费需求，不再是过去那种只要任意生产一种产品都会被很顺利地销售出去的情况。生产必须以消费者的消费需求为其生产导向，否则就会面临生产出来的产品无法获得市场认可的结果。在这种情况下，短缺经济时代一去不复返，流通业的市场信息传导职能的重要作用开始显现。伴随社会总体生产能力的相对过剩，经济周期性波动频繁、供求关系失调、产业结构失衡等社会经济问题不断涌现并威胁到整个国家的经济安全问题，如果不能妥善解决，甚至会危及社会的稳定，这些都对流通业的发展提出了新的更高的要求，将流通业作为战略性产业是一种必然选择。

流通战略产业论认为，流通业的战略性产业特征主要体现在以下几个方面：一是国家经济安全。随着科学技术的发展，特别是信息化、智能化产品的普及，流通业内部在产业结构、组织方式、经营方式等方面都已经发生了深刻变革，具有强大市场控制能力的大型流通企业已经凭借其渠道控制优势向产业的上下游进行拓展，它们对上下游的掌控能力不断加强，其发展状况与国家经济安全紧密联系在一起，一荣俱荣，一损俱损。二是产业关联度。流通业最基本的职能就是商品流通，它将企业生产的商品提供给需要该商品的消费者，同时将市场信息反馈给生产企业帮助它们合理地制订生产计划。流通业涵盖了商流、物流、资金流和信息流，渗透进市场经济活动中的各个领域，与各个行业都存在着极强的产业关联性。三是经济增长的贡献能力。流通业对经济增长的贡献能力可以分为直接贡献和间接贡献，直接贡献是流通业自身产业增长为经济增长做出的直接贡献，间接贡献是指流通业可以通过促进生产和扩大消费来带动其他行业的发展，间接为经济增长做出贡献。四是就业吸纳贡献。技术革命从根本上改变了社会经济结构，原有的劳动力密集型产业逐渐转变为资金密集型和技术密集型产业，释放出大量结构性过剩的富余劳动力。同时，消费者对于商品和服务的需求也不再是仅仅满足于自身的基本需求，而是向个性化、品质化、服务化方向发展，这些变化引致流通业变革和发展，而流通业提供的大部分产品和服务是机器无法代替的，必须由具有相应能力的劳动者来完成，进而提高了其就业吸纳能力。

第3章　流通业集约化的理论框架构建

本章通过构建流通业集约化的理论框架对流通业集约化进行分析和讨论，从而为后面章节实证考察中国流通业集约化水平的测度和影响因素分析提供数理逻辑方面的支撑。具体而言，在恰当的理论基础支撑下，通过构建数理模型并对其进行缜密而严谨的数理推导，揭示出流通业集约化的运行机理。首先，本章通过构建基于一般均衡分析的世代交替模型，从流通业总体视角分析流通业集约化的稳态条件、影响因素和演进动因等。其次，基于双边市场理论，从流通业企业的微观主体视角构建流通业集约化的三方博弈模型，通过对模型结果进行系统分析，进而揭示出企业层面的流通业集约化的动力机制。

3.1　流通业集约化的一般均衡分析

集约化是两种发展方式之一，与之相对应的是粗放型发展方式。粗放型发展方式是指纯粹依靠劳动、资本等生产要素投入的不断增加来拉动经济的发展方式，其主要特征是高成本、高消耗、高污染、低效益，其主要关注增长的数量和速度，而忽视了发展这一概念所涵盖的其他因素。集约化发展方式则是不依赖于劳动和资本等投入要素增长而主要依靠人力资本和技术进步等无形要素的增长来带动经济增长的发展方式，它的主要特征是低成本、低消耗、低污染、高效益，更加注重于发展的质量和效益。在经济发展的初级阶段，由于受制于客观条件约束，无论是某一国家还是单个产业往往会通过粗放型发展方式完成自身物质、技术等方面的原始积累。而当经济发展到一定阶段以后，集约化发展方式是一个国家或某一产业为维持其自身发展的平稳协调可持续而做出的必然选择。尽管学术界对于集约度的衡量指标还没有形成共识，但普遍认为，集约度是除劳动和资本等投入要素以外的因素对经济增长的贡献度。

一般均衡分析理论是主流经济学体系中的重要组成部分，主流微观经济学的理论体系以及众多宏观经济领域的重要理论都是基于该理论构建的。一般均衡理论的核心思想是，当整个经济体系达到均衡状态时，经济体系中的所有的消费品和生产要素的供求数量和价格都会达到一个稳定的均衡值，单种商品或者单一市场不可能实现其自身相对独立的稳定均衡状态，只有当经济体系中的所有市场都达到均衡状态时，单种商品和单一市场的均衡状态才是稳定的。世代交替模型，因为戴蒙德（Diamond）所做出的突出贡献而又被称为戴蒙德模型，是现代经济增长理论中基于一般均衡分析框架的基准分析模型之一。该模型最早由莫里斯·阿莱（Maurice Allais）、保罗·萨缪尔森（Paul Samuelson）提出，戴蒙德于1965年将其与索洛（Solow）模型进行融合并进一步扩展和完善。该模型假定参与经济活动的个体期限是有限的，而且期限是确定的。比如两时期世代交替模型将人的一生分为青年时期和老年时期这两个时期，在某一时期内，该时期的青年人与老年人（上一时期的青年人）同时存在，两类人随时期的变化交叠演进，因此，该模型被称为世代交替模型。该模型将消费者区分为具有不同消费属性的群体，同时对消费者的效用函数进行较为严格的假定，一般将消费者效用函数假定为常相对风险厌恶函数（CCRA），在外生给定的技术进步率和既定的收入水平等约束条件下，对经济体系中的经济个体在其一生中所能够获得的消费效用的最大值进行求解，并根据达到该最大值时所需要的均衡条件扩展出其他一些有意义的结论，比如资本积累的黄金率水平、稳态条件下的消费增长率、动态无效率的推论等。刘宪、何自力（2005）采用两时期世代交替模型对经济集约化增长问题进行了分析，他认为经济增长的集约化程度是一个一般均衡的结果。在生产函数中，如果劳动的产出弹性系数不变，则经济达到均衡时，经济增长的集约化程度正好等于劳动者的总报酬在总收入中所占有的比率，而这一比率也正是劳动的产出弹性系数，经济增长的集约化程度在一定条件下是个确定的结果。然而从长期来看，经济增长方式的转变又是经济不断增长从而专业化程度不断加深、人力资本不断上升的一个必然结果。本章沿用其分析框架，但在生产函数形式的选择和集约度的定义上与其有所差异。刘宪等人在模型构建过程中将技术进步与劳动结合在生产函数内部，而忽视了技术进步与资本之间的相互影响，其所得到的均衡结果是集约度等于劳动的产出弹性，如果将技术进步与资本结合在一起，反而会得到集约度等于资本的产出弹性这一结果，这显然不具有说服力。实际上，刘宪等人是将技术进步仅仅局限在人力资本投资等影响劳动者质量的因素上，忽视了技术进步对于资本投入的影响，斯科特（Scott）的资本投资决定技术进步模型已经证明，资本和技术进步之间存在着紧密联系。因此，在接下来的模型设定中，生产函数形式选择为技术进步独立于劳动和资本等生产要素的柯布—道格拉斯生产函数（Cobb – Douglas production function）。

3.1.1　流通业集约化一般均衡分析模型的基本假设

两时期世代交替模型的基本假设为：将参与经济活动的人的一生根据消费属性分为两个时期（青年时期和老年时期），而且其在青年时期只能无弹性地供给一单位的劳动。同时，不失一般性的假设经济体系中不存在人口增长（人口增长率为零），青年人的数量就是经济体系中的劳动总供给数量。为简化分析过程，假设参与经济活动的人在工作和消费上的选择是：在青年时期只工作不消费，在老年时期只消费不工作，其一生的最优化选择即为实现自己老年时期消费效用的最大化。上述假设只是出于简化模型推导过程的考虑，并不会影响到对于模型结果的分析。

基于将研究目标聚焦在流通业的集约化问题上的考虑，我们将经济体系中的所有行业简化为流通业和非流通业两个行业。祝合良、王明雁（2018）采用投入产出分析方法对流通业进行分析后发现，从产业关联视角看，流通业在中间需求结构方面呈现出中间产品属性逐渐减弱、最终消费属性逐渐增强的趋势，但目前其中间产品属性仍高于最终消费属性。在中间投入结构方面的演变趋势呈现出行业分化的态势，批发和零售业的中间投入率逐渐递减，交通运输、仓储和邮政业逐渐递增。从产业波及视角看，批发和零售业的拉动作用与推动作用均呈现出先增强、再减弱的趋势，流通业与经济增长之间呈现出“倒 U 型”关系。而交通运输、仓储和邮政业呈现出拉动作用不断增强、推动作用减弱的趋势。根据产业关联和产业波及效应，经济体系中的各个行业之间均存在着相互依存的投入产出关系，一个行业既为其他行业提供生产所必需的中间产品，同时也需要其他行业所生产的中间产品来保证自身的生产活动。因此，我们进一步假定，在某一时期内，流通业提供当期产品，而非流通业当期生产的产品作为下一期流通业生产所必需的中间产品，且非流通业当期生产的中间产品数量与下一期流通业生产的产品数量的替换比例是恒定的（出于简化分析的考虑，将该比例设定为1∶1，该设定并不影响最终结果的分析）。假设在时期t，流通业部门的产品数量为 m_t，非流通行业的产品数量 Δm_t 为：

$$\Delta m_t = B_t m_t L_t^N \tag{3-1}$$

其中，B_t 表示非流通行业产出转化为流通业产出的转化率，L_t^N 表示投入到非流通行业中的劳动数量。基于前述假设条件，非流通行业当期生产的中间产品数量全部按照1∶1的比例转化为下一期流通业生产的产品数量。

流通业在时期t的生产函数选择柯布—道格拉斯生产函数：

$$Y_t = A_t K_t^{\alpha}(m_t L_t^C)^{1-\alpha} \tag{3-2}$$

其中，A_t 为当期技术水平，Y_t 为时期t的流通业总产出，K_t 为时期t的资本存量，L_t^C 为时期t投入到流通业的劳动力数量。根据亚当·斯密的分工理论，劳动的分工有利于促进技术进步，在相同的劳动力数量下，分工越精细，生产的产品种类越多，技术水平越进步，效率越高。因此，可以将 m_t 作为劳动力的效率影响因素，$m_t L_t^C$ 即为当期流通业的有效劳动数量。将上式两边同时除以当期流通业的有效劳动数量 $m_t L_t^C$ 可以得到流通业的人均产出：

$$y_t = \frac{Y_t}{m_t L_t^C} = A_t k_t^{\alpha} \tag{3-3}$$

其中，y_t 为当期对应于有效劳动的人均产出，$k_t\left(k_t = \frac{K_t}{m_t L_t^C}\right)$ 为当期有效劳动的人均资本占有量。同时引入一般均衡分析中的生产函数满足稻田条件（inada conditions，1964）这一基本假设条件，即：

$$\lim_{k\to 0}\frac{\partial y_t}{\partial k_t} = \alpha A_t k_t^{\alpha-1} = \infty \tag{3-4}$$

$$\lim_{k\to \infty}\frac{\partial y_t}{\partial k_t} = \alpha A_t k_t^{\alpha-1} = 0 \tag{3-5}$$

假设时期t的劳动力总数为N，投入流通业的劳动力比例为 λ_t，投入非流通行业的劳动力比例为 $(1-\lambda_t)$。结合前述假设可得，$L_t^C=\lambda_t N$，$L_t^N=(1-\lambda_t)N$。在没有人口增长的情况下，下一期产品数量的增加值即为：

$$\Delta m_t = B_t m_t (1-\lambda_t) N \tag{3-6}$$

令 $\mu = BN$，则

$$\frac{\Delta m_t}{m_t} = (1-\lambda_t)\mu \tag{3-7}$$

从式（3-7）可以得到，决定下一期流通业产品的增长率的影响因素是上一期投入非流通行业的劳动者数量以及非流通行业产出转化为流通业产出的转化率。其中，非流通行业产出转化为流通业产出的转化率是外生给定的因素，也就是说，上一期投入非流通行业的劳动者数量直接决定了下一期流通业产品的增长率。如果单纯从静态视角看，当期投入流通业中的劳动者数量越多，那么流通业的总产出就会越多。但是，从动态视角看，当期流通业劳动者数量的增加会使得下一期流通业所能提供产品的增长率降低，从而限制下一期流通业所能得到的有效劳动，最终制约流通业的未来发展。经济体系的发展目标是实现长期可持续的发展，可以用流通业在所有时期内的总产出作为具体的衡量指标，因此不会出现选择涸泽而渔的方式将所有劳动能力投入当期流通业，来增加当期流通业产出而导致未来流通业失去发展动力的情况，其理性决策是通过劳动力的合理配置来有机协调流通业的当期产出和未来产出实现所有时期总产出的最大化。

3.1.2 集约度的定义及其影响因素分析

集约度是一个经济体或行业集约化程度的衡量指标，它与经济体或行业的增长方式紧密相关，集约度的高低直接反映出一个经济体或行业的增长方式是粗放式增长还是集约化增长。有些学者直接用全要素生产率来衡量经济增长方式①②③。全要素生产率确实是衡量经济增长方式的

---

① 卢艳，刘治国，刘培林．中国区域经济增长方式比较研究：1978～2005［J］．数量经济技术经济研究，2008（7）：54-66.

② 赵彦云，刘思明．中国专利对经济增长方式影响的实证研究：1988～2008 年［J］．数量经济技术经济研究，2011（4）：34-48.

③ 郑京海，胡鞍钢，Arne Bigsten．中国的经济增长能否持续？——一个生产率视角［J］．经济学（季刊），2008（3）：777-808.

重要指标，但其本身更多反映的是各种生产要素投入生产的组合效率，而不能体现出增长中各种影响因素的相对贡献。比如，某一年流通业总产值增长5%，其中全要素生产率贡献2%，其他生产要素投入贡献3%，全要素生产率的相对贡献为40%。后一年流通业增长10%，其中全要素生产率贡献2%，其他生产要素贡献8%，全要素生产率的相对贡献为20%。尽管这两年全要素生产率对流通业总产值增长的贡献率相同，但因为其他生产要素对流通业总产值增长的相对贡献存在差异，全要素生产率对经济增长的相对贡献却有所差别。明显可见，前一年全要素生产率对流通业总产值增长的相对贡献更高，而后一年相对较低，后一年的增长更多是依赖于生产要素投入增长带来的贡献，前一年流通业的集约化程度要高于后一年。基于上述原因，有些学者提出，转变增长方式的核心不是提高全要素生产率的绝对值，而是提高全要素生产率对增长的相对贡献值，增长方式的衡量指标应该是全要素生产率对经济增长的相对贡献率①②③④。学者普遍认为，依靠投入更多生产要素推动的增长属于外延型的粗放式增长，依靠全要素生产率提高推动的增长属于内涵型的集约化增长。从前面的例子中就可以发现，单纯依靠全要素生产率对流通业总产值增长的绝对贡献率并不能确定流通业的增长方式属于哪种类型。在全要素生产率对增长贡献的绝对值相同的情况下，经济增长方式属于粗放式增长或集约化增长取决于所投入的生产要素对增长的贡献率。因此，将集约度定义为全要素生产率变化对一个国家或产业的总产出变化的相对贡献水平。在生产函数为柯布—道格拉斯生产函数［式（3－2）］的情况下，集约度θ的表达式为：

$$\theta = \frac{dA_t/A_t}{dY_t/Y_t} \tag{3-8}$$

接下来，结合前述对于模型的假设条件和集约度的定义分析集约度的影响因素。首先，对式（3－2）中的柯布—道格拉斯生产函数两边

① 艾麦提江·阿布都哈力克，白洋，邓峰等．基建投资绩效与经济增长集约化的溢出效应分析［J］．统计与决策，2017（11）：124－127.

② 刘国光．中国经济发展战略的若干重要问题［J］．中国社会科学，1983（6）：3－24.

③ 于津平，许小雨．长三角经济增长方式与外资利用效应研究［J］．国际贸易问题，2011（1）：72－81.

④ 赵文军，于津平．贸易开放、FDI与中国工业经济增长方式——基于30个工业行业数据的实证研究［J］．经济研究，2012（8）：18－31.

取对数并对 t 求导可得：

$$\frac{dY_t}{Y_t}=\frac{dA_t}{A_t}+\alpha\frac{dK_t}{K_t}+(1-\alpha)\left(\frac{dm_t}{m_t}+\frac{dL_t^C}{L_t^C}\right) \tag{3-9}$$

在人口增长率为零的情况下，劳动供给不变，劳动变化率$\frac{dL_t^C}{L_t^C}=0$。再将前述计算得到的产品数量的增长率$\frac{dm_t}{m_t}=(1-\lambda_t)\mu$带入式（3－9）化简后可得：

$$\frac{dY_t}{Y_t}=\frac{dA_t}{A_t}+\alpha\frac{dK_t}{K_t}+(1-\alpha)(1-\lambda_t)\mu \tag{3-10}$$

将式（3－10）带入式（3－8）进而可得：

$$\theta=\frac{dA_t/A_t}{\frac{dA_t}{A_t}+\alpha\frac{dK_t}{K_t}+(1-\alpha)(1-\lambda_t)\mu} \tag{3-11}$$

由于 $K_t=k_t\cdot m_tL_t^C$，对该式两边取对数并对 t 求导可以得到：

$$\frac{dK_t}{K_t}=\frac{dm_t}{m_t}+\frac{dk_t}{k_t}=(1-\lambda_t)\mu+\frac{dk_t}{k_t} \tag{3-12}$$

将式（3－12）带入式（3－11）整理后得到：

$$\theta=\frac{dA_t/A_t}{\frac{dA_t}{A_t}+\alpha\frac{dk_t}{k_t}+(1-\lambda_t)\mu}=\frac{dA_t/A_t}{\frac{dA_t}{A_t}+\alpha\frac{dk_t}{k_t}+B_t(1-\lambda_t)N} \tag{3-13}$$

由式（3－13）可以发现，集约度的影响因素主要有全要素生产率$\frac{dA_t}{A_t}$、单位资本的变化率$\frac{dk_t}{k_t}$、资本的产出弹性系数 α、流通业的劳动人数在总劳动人数中所占比例 λ_t、非流通行业产出转化为流通业产出的技术参数 B_t 以及总劳动人数 N。其中，集约度与全要素生产率$\frac{dA_t}{A_t}$和流通业的劳动人数在总劳动人数中所占比例 λ_t 正相关，与单位资本的变化率$\frac{dk_t}{k_t}$、资本的产出弹性系数 α、非流通行业产出转化为流通业产出的转化率 B_t、总劳动人数 N 负相关。在这些影响因素中，与集约度负相关的影响因素均属于生产要素投入对增长的贡献范畴。该结论符合我们对粗放式增长和集约化增长所做的定义，即在其他条件不变的情况下，全要素生产率的增长使得增长方式更倾向于集约化增长，而生产要素投入的增加对增长的贡献越大反而会使得增长方式更倾向于粗放式增长。

3.1.3 流通业集约化的一般均衡结果

根据一般均衡理论，在均衡状态下，流通业的单位有效劳动的资本占有量是稳定的。劳动者在老年时期的消费的收入来源主要由两部分构成：一部分是其在青年时期在流通业的劳动所得积累下来的储蓄，假设其在青年时期没有消费支出产生，因此到老年时期该部分收入为 $\lambda_t\omega(1+\gamma_{t+1})$（其中，$\gamma_{t+1}$ 为老年时期的利率水平）。另一部分是劳动者在青年时期投入到非流通行业的劳动所生产出的中间产品在老年时期转化为流通业相关产品所产生的当期收入 $m_t(1-\lambda_t)P_{t+1}$（P_{t+1} 为老年时期流通业产品的价格水平）。因此，劳动者在老年时期的总收入为：

$$C_{t+1}=\lambda_t\omega(1+\gamma_{t+1})+m_t(1-\lambda_t)P_{t+1} \tag{3-14}$$

式（3-14）既是劳动者的总收入在老年时期的折现，同时也是其老年时期消费的收入约束条件。前述假设劳动者的目标是实现自己老年时期消费效用的最大化，即实现下一期消费 C_{t+1} 的最大化。由消费最大化的一阶条件，上式两边同时对 λ_t 求导可得：

$$\omega(1+\gamma_{t+1})=m_tP_{t+1} \tag{3-15}$$

假设企业是完全竞争的，在均衡时，边际收益 MR 等于边际成本 MC。企业的劳动边际收益和资本边际收益是分别对生产函数计算劳动和资本的一阶偏导之后得到的结果，企业的劳动边际成本是其支付给劳动者的工资 ω_t，企业的资本边际成本为当期的利率水平 γ_t。由 MR = MC 联立方程可得：

$$\frac{\partial Y_t}{\partial L_t^C}=(1-\alpha)A_tm_tK_t^{\alpha}=\omega \tag{3-16}$$

$$\frac{\partial Y_t}{\partial K_t}=\alpha A_tK_t^{\alpha-1}(m_tL_t^C)^{1-\alpha}=\gamma \tag{3-17}$$

均衡状态隐含的条件之一是劳动者通过自身劳动和消费的选择实现个人效用的最大化，另外一个隐含条件是产品市场的出清，即总供给等于总需求。总需求等于对资本的总投资，这主要来源于两个方面：一是在其他技术条件不变的情况下，由于资本折旧的存在，要维持原有的生产规模需要追加一部分资本投资。二是尽管没有人口增长，但技术进步使得有效劳动增多，从而需要为这一部分增加的有效劳动匹配原有的资本投资规模。因此，资本的总需求为 $B_t m_t L_t^C[\delta+(1-\lambda_t)\mu]\hat{K}_t$（其中，$\delta$ 为资本折旧率）。

基于前述假设，劳动者的消费动机是实现其老年时期消费效用的最大化，其没有资本的遗传动机，即资本的总供给来源于劳动者的总储蓄。总资本存量包含两部分，一是当期非流通行业生产的中间产品在下一期转化为流通业的资本存量，二是劳动者当期在流通业的劳动获得的报酬。下一期的总资本存量 K_{t+1} 为：

$$K_{t+1}=L_t^C\omega_t+\Delta m_t P_{t+1}=\lambda_t N\omega_t+Bm_t(1-\lambda_t)NP_{t+1} \quad (3-18)$$

当期资本的总供给是下一期的总资本存量与当期资本存量的差值，即 $\Delta K_t=K_{t+1}-K_t$，同时总储蓄等于总投资，进而可得：

$$\Delta K_t=K_{t+1}-K_t=B_t m_t L_t^C[\delta+(1-\lambda_t)\mu]\hat{K}_t \quad (3-19)$$

将式（3-14）、式（3-15）、式（3-18）带入式（3-19）并进行相应的整理、化简和变形后可以得到：

$$A_t B_t^{\alpha-1}\hat{K}_t^{\alpha}[(1-\alpha)(\lambda_t^{-1}-\gamma_{t+1}\lambda_t^{-1}-\gamma_{t+1})-(1-\lambda_t\mu)\alpha\lambda_t]=(\delta+\mu)\hat{K}_t \quad (3-20)$$

根据稻田条件可知，在稳态下，资本 $\hat{K}_t$ 和利率 γ_t 将分别收敛到固定的均衡资本 $\hat{K}^*$ 和均衡利率 r^*，这意味着单位资本的变化率 $\frac{dk_t}{k_t}=0$，将其带入公式（3-13）得到：

$$\theta=\frac{dA_t/A_t}{\frac{dA_t}{A_t}+(1-\lambda_t)\mu}=\frac{dA_t/A_t}{\frac{dA_t}{A_t}+B_t(1-\lambda_t)N} \quad (3-21)$$

由式（3-21）可以发现，在均衡状态下，流通业的集约度水平的决定因素与资本无关，集约度的影响因素是全要素生产率 $\frac{dA_t}{A_t}$、流通业的劳动人数在总劳动人数中所占比例 λ_t、非流通行业产出转化为流通业产出的技术参数 B_t 以及总劳动人数 N。在这些影响因素中，集约度与全要素生产率 $\frac{dA_t}{A_t}$ 和流通业的劳动人数在总劳动人数中所占比例 λ_t 正相关，与非流通行业产出转化为流通业产出的转化率 B_t、总劳动人数 N 负相关。其中，在该模型中，流通业的劳动人数在总劳动人数中所占比例 λ_t、非流通行业产出转化为流通业产出的转化率 B_t、总劳动人数 N 都是外生给定的固定不变的常数，这表明在均衡状态下，真正决定流通业集约度高低的影响因素是全要素生产率，且流通业集约度与全要素生产率正相关。

3.1.4 流通业集约化一般均衡分析模型的现实扩展

在前述构建的基于一般均衡理论的世代交替模型中，为了简化数学推导和突出重点问题的目的，模型假设将一些非重要影响因素设定为外生给定的。具体而言，经济体系中只有流通业和非流通行业两个行业，人口增长率为零且从事流通业和非流通行业的比例是固定的，非流通行业产出转化为流通业产出的转化率是固定不变的。在上述因素外生给定的情况下，流通业集约度的内生性决定因素是全要素生产率。然而，在现实经济运行中，上述外生给定的变量都是处于动态变化中，接下来结合现实经济运行情况和模型假设的适当放松来分析这些次要因素对流通业集约度的影响。

首先，放松人口增长率为零且从事流通业和非流通行业的比例固定不变的假设条件。从人口的历史发展进程看，除一些非常重大的自然灾害、战争等意外情况外，人口在长期·直处于波动上升的状态。配第—克拉克定理在三次产业划分的基础上揭示出在经济发展过程中劳动力在各个产业之间动态转移的客观趋势。按照该定理的阐述，在人类社会发展的早期阶段，受制于当时的经济发展水平，生产力有限，劳动力主要集中于生产满足人类温饱这一最基本生活需求的第一产业。伴随经济社会发展，生产力水平和人均国民收入的提高，第一产业对劳动力的必要需求不断减少从而释放出多余的劳动力，由于收入弹性差异和投资报酬差异，这部分劳动力会逐渐向第二产业转移。当经济发展到一定阶段以后，这种劳动力由第一产业向第二产业转移的趋势逐渐转变为由第一、第二产业向第三产业转移的新趋势，第三产业在国民生产总值中所占的比重不断上升，第三产业所吸纳的劳动力在总就业人数中所占的比重也不断增加。流通业属于第三产业中的重要组成部分，而且一直是第三产业中吸纳劳动力就业的重要产业。根据配第—克拉克定理，流通业就业人数在总就业人数中所占的比例不断上升，与之相对，流通业以外的其他行业的就业人数在总就业人数中所占的比例将不断下降。根据式（3－21）中流通业集约度的决定公式，流通业集约度与流通业的就业人数在总就业人数中所占比例正相关。换言之，在其他影响因素不变的情况下，随着经济社会的持续发展，劳动力沿着配第—克拉克定理所揭示的产业转移趋势流动，流通业的就业人数在总就业人数中所占比例的不断上升将助推流通业集约度的提高，进而推动流通业的集约化发展水平。

其次，放松经济体系中只有流通业和非流通行业、非流通行业产出转化为流通业产出的转化率固定不变这两个假设条件。从投入产出的视角分析，经济体系中的各个产业之间都存在着相互依存和相互影响的产业关联和波及效应，每一个产业的投入要素都有一部分是其他产业的产出，同时每一个产业的产出中也会有一部分作为其他产业的中间投入。在模型假设里面，非流通行业的产出全部作为流通业的中间投入且转化率为一，这在现实经济运行中是肯定无法实现的。放松假设后可以发现，非流通行业产出转化为流通业产出的转化率越低，流通业集约度越高，这表面看起来似乎不符合常理。从流通业集约度的定义出发，流通业集约度反映的是除劳动、资本等生产要素以外的因素对增长的贡献率，而非流通业产出作为流通业的中间投入属于流通业中的资本投入部分，其转化率越低意味着流通业的增长中由生产要素投入推动的部分越低，进而流通业的增长相对更多地由全要素生产率的增长拉动，这就导致了非流通行业产出转化为流通业产出的转化率越低反而流通业集约度越高的现象。

综上所述，流通业集约度的主要影响因素是全要素生产率，但同时还会受到劳动、资本等生产要素投入的影响，前者与流通业集约度的关系是正向相关关系，后者与流通业集约度的关系是反向相关关系。前述指出，流通业集约度的衡量指标不能简单定义为全要素生产率，而应该综合考虑劳动、资本等生产要素和全要素生产率对增长的相对贡献，在此也得到了理论佐证。

3.2 流通业集约化的博弈分析——基于双边市场理论

随着经济的发展，生产企业的生产能力不断提高，经济会逐渐从商品短缺情况下的卖方市场转变为局部生产过剩的买方市场。在卖方市场上，产品供不应求，生产企业占据市场主导地位，消费者只能被动接受市场现有商品，生产企业无须过多考虑商品销售问题，只要扩大产能就能不断提高自身的收益。但是，在买方市场上，生产企业的生产行为需要充分考虑消费者的实际需求。如果生产企业无视市场反馈信息盲目扩大产能，最终只会导致产品滞销、库存积压，造成产业结构失衡，这不仅会损害生产企业自身的利益，也是对有限社会经济资源的无谓浪费。在新常态下，中国经济产业结构面临转型升级，要求生产企业比过去要更加重视市场反馈信息，更加精准地把握消费者的实际需求，市场反馈信息的重要性日益凸显，对流通业提出了更高的要求。在现实经济社会中，虽然有部分生产企业是通过自己的销售部门直接将产品销售给消费者，更一般的情况还是生产企业通过更专业化的流通企业将产品销售给消费者。之所以会出现这一现象，一是由于生产企业生产规模和资金能力有限，无法构建起自身的销售网络。二是更加精细的专业化的社会分工能够提高经济效率，创造出更多的效益。第二个原因更加重要，这也使得生产企业将产品通过流通企业进行销售成为一种自发理性选择。流通企业成为连接生产企业和消费者之间的媒介，不仅起到简单的商品流通的作用，同时还能够起到通过传递商品信息影响消费者的购买决策和将消费者偏好信息反馈给生产企业的作用。

流通企业具有典型的双边市场属性，具有双边市场的交叉网络外部性、价格的非对称性、互补性等典型性特征，具体而言，其拥有的消费者越多，对生产企业的吸引力就会越大。与之相对应，其拥有越多的商品对消费者的吸引力也会越大，而且流通企业对生产企业和消费者的定价依赖于两者的价格弹性。以电商平台企业为例，其平台两端入驻商家和消费者的数量对另一端会有正的网络外部性，平台一端潜在消费者流量越大，平台对商家入驻的吸引力越强。同时电商平台可以通过自己的市场垄断势力在向入驻商家提供相关服务的基础上收取高于其他电商平台的费用。

流通企业的双边市场属性决定了生产企业和消费者在生产和消费上与流通企业之间形成互惠互利的相互依存关系，三者共同组成商品生产、流通、销售整个完整体系。本书意在通过构建生产企业、流通企业和消费者三者之间的商品销售传递机制的三方博弈模型，将流通企业在生产企业和消费者之间所起到的作用内生化，进而分析流通企业行为在商品流通过程中对生产企业和消费者分别施加的影响以及流通企业出于自身利益考量的理性选择，并在此基础上分析流通企业效率的决定因素及其对流通业的集约化水平的影响。

3.2.1 流通业集约化博弈分析的文献综述

尽管西方主流经济学中没有流通业的提法，但其中间商的概念和我国学者所指的流通业这一概念在本质上具有高度的相关性。研究流通过程中流通企业行为及其作用的文章主要可以分为两类：一类是立足于某一行业，研究该特定行业中的流通企业行为及其对生产企业和消费者各自起到的作用，进而分析其对经济效率损益的影响。另一类是在一定的假设基础上，通过建立一般化的分析框架模型，对流通企业行为进行相应的理论分析，探讨流通企业在流通过程中的影响机制。

第一类文章中比较有代表性的主要有以下几篇。欧文和布鲁斯（Owen & Bruce，1977）讨论了财产保险服务行业提供给房地产经纪人佣金使其在引导购房者过程中所施加的作用。保利·V. 马克（Pauly V. Mark，1979）通过建模分析医生通过收取回扣将病人转移给另一位医生这一现象，他认为，因为回扣可以激励那些掌握医生信息的中介者将病人转移给那些更具有成本效益的医生，这是有利于社会资源配置的。在这些早期文献中，通常假设收取佣金的中间商能够有效地将信息传递给消费者，在这种情况下，中间商的存在是有利于提高整个社会效率的。皮特·F. 科威尔和查理斯·M. 卡恩（Peter F. Colwell & Charles M. Kahn，2001）通过建立模型分析了在房地产交易市场上中间商发挥的作用，结果表明：房地产市场越复杂，中间商对于市场效率起到的作用越关键，而且消费者更希望能够在中间商不透露其收费信息的情况下进行交易，这与我们的直观想法正好相反。约翰·摩根和菲利普·C. 斯托金（John Morgan & Phillip C. Stocken，2003）指出，在股票市场上，在投资者对于股票分析师的激励机制不明确的情况下，股票分析师可以传递可信的不利信息，但其传递的有利信息却总是不能令投资者信服。J. 戴维·康明斯和尼尔·A. 多尔蒂（J. David Cummins & Neil A. Doherty，2006）以保险市场上的中间商为研究对象，认为保险商和保险购买者之间的信息不对称会导致逆向选择，而保险中间商可以通过减少两者之间的信息不对称问题来改进保险市场的运营效率。与其观点相反，丹尼尔·B. 施瓦茨（Daniel B. Schwarcz，2007）认为，在保险市场上，如果保险购买者明确了解佣金的存在，那么其会刻意扭曲自己的偏好做出逆向选择，进而产生额外的社会成本，市场自发力量无法产生有效率的结果，需要政府管制的介入。帕特里克·博尔顿、泽维尔·弗雷克斯和乔尔·夏皮罗（Patrick Bolton，Xavier Freixas & Joel Shapiro，2007）构建了一个金融服务市场上银行之间的竞争模型，通过模型分析表明，银行之间的竞争会造成提供给买方的信息的利益冲突，进而影响到对于真实有效信息的激励。李威（2010）以政府通过中间商向公众发送某些信息进而影响公众的决定为例得出，有偏见的政府和有偏见的流通企业所发布的信息的真实性是战略互补的，有偏见的政府不会选择对声望关注度低的流通企业，而是更倾向于选择声望关注度中性的有偏见的流通企业。

相对于研究某一特定市场上流通企业行为的文章，从更一般化的理论层面研究流通企业行为的文章相对较少。奥利弗·哈特和让·梯若尔（Oliver Hart & Jean Tirole，1990）从纵向一体化角度提出，纵向一体化虽然能够减少上下游企业在价格和贸易政策等方面的冲突，但它同时也会使得市场缺乏流动性，一体化以后企业内部的下属公司将缺乏降低成本和提高质量的激励。加里·比格莱塞（Gary Biglaiser，1993）构建了一个一般的讨价还价模型，在该模型中，存在逆向选择，每个流通企业对应一个市场，在所有的均衡状态下，流通企业都会带来福利的改进。R. 普雷斯顿·麦克菲和马吕斯·施瓦茨（R. Preston McAFee & Marius Schwartz，1994）从供应商和竞争性的下游企业的合同制定角度探讨了双方在合同以及各自利益考量之间的形成机制，在非歧视性条款无法有效规避供应商投机行为的情况下，排他性条款和特许经营权的跨期刚性成为更加理性的选择并被普遍采用。亚历山德罗·利泽里（Alessandro Lizzeri，1999）指出，垄断型流通企业的最优选择是仅仅透露商品质量是否高于某一个最低水平，在这种情况下，垄断型流通企业能够获得最大收益，而竞争型流通企业只能被动展示所有信息。埃里克·杜斌和甘尼·希耶（Erik Durbin & Ganesh Iyer，2009）认为，支付给信息提供者的佣金可能会使自私的恶性信息提供者隐瞒不良状况，但同时也会激励更关心决策者的良性信息提供者如实反映良好状况。罗曼·应德尔斯特和马克·奥塔维亚尼（Roman Inderst & Marco Ottaviani，2009）表明，通过流通企业进行销售的生产企业必须确保流通企业能够遵守协议，但在市场竞争加剧引致流通企业要求更高激励的情况下，公司为确保合规将付出较大成本，合规性的边际成本越高，生产企业越倾向于放松对不当销售的约束。绍洛伊和德若（Szalay & Dezso，2009）认为，委托代理问题中的相同条件下的信息量和信息报告风险程度是相同的，使代理人风险更大的高效合同能够增加信息收集的激励，反之会减少激励。赫斯基·巴－艾萨克、吉耶尔莫·卡鲁纳、维森特·库纳特（Heski Bar－Isaac，Guillermo Caruana & Vicente Cunat，2010）通过分析表明，消费者在购买商品前只能了解关于商品的部分信息，同时他可以通过其他方式获得更多信息，但这些信息的有用性是不确定的，不同的营销和定价策略会产生不同的结果。

上述文献从不同角度阐述了流通企业在商品流通中所起到的重要作用，为后来者继续开展流通企业相关问题研究提供了很好的理论基础支撑。但是，前述文献更多侧重于分析流通企业对生产企业和消费者的行为、利益所施加的影响，而少有关注流通企业行为在三方博弈过程中所采取行为的动机和结果。实际上，在商品生产、流通、消费整个过程中，生产企业、流通企业以及消费者三者共同构成一个统一的有机整体，三者相互影响，相互制衡，最终实现博弈均衡。本节接下来所要研究的主要问题是通过对三者在均衡形成过程中能够最大化自身利益的博弈策略选择问题、三方博弈均衡的形成机制以及均衡状态下的市场结构等方面的分析来论述流通企业效率的决定因素及其对流通业的集约化水平的影响。

3.2.2 流通业集约化流通企业三方博弈模型构建

罗曼·应德尔斯特和马克·奥塔维亚尼（2012）认为，在零售金融产品市场和医疗服务市场上，消费者往往依赖于流通企业的建议来选择最适合自己的产品，而产品供应商能够通过竞争隐蔽回扣或佣金披露影响流通企业的建议。在罗曼·应德尔斯特和马克·奥塔维亚尼（2012）的模型中假设流通企业是没有成本的，这可能是出于简化分析的考虑。但在现实中，至少绝大多数流通企业是有成本的，而引入流通企业成本是否会改变模型结果将是我们接下来所要关注的内容之一。因此，我们在罗曼·应德尔斯特和马克·奥塔维亚尼的模型基础上重新构建一个引入流通企业成本的生产企业、流通企业、消费者三方博弈模型，来分析该博弈模型的均衡结果以及均衡时各变量之间的关系及其对流通业集约化的影响。

首先，假设消费者在两种商品（用 $n=A$，B 来表示）之间选择购买最适合自己的商品，消费者购买商品所获得的效用取决于状态变量 θ（用 $\theta=A$，B 来表示）。也就是说，在状态 A 下，商品 A 比商品 B 更合适，反之亦然。我们假设消费者不购买商品时所获得的效用为 0，如果消费者所购买的商品与状态变量相匹配，消费者获得效用 ν_h，反之，获得效用 ν_l（其中，$0<\nu_l<\nu_h$）。生产企业生产产品的生产成本用 c_n 表示，生产企业提供给流通企业的佣金用 f_n 来表示，且生产企业只能通过流通企业将商品销售给消费者，同时假设生产企业 A 比生产企业 B 更有效率，即 $c_B>c_A$。

其次，假设流通企业提供商品 A 更适合消费者这一信息的概率为 $q=\Pr(\theta=A)$，q 的分布函数 $G(q)$ 是连续的，其密度函数 $g(q)>0(q\in[0,1])$。为简化博弈模型推导过程，应用霍特林（Hotelling, 1929）在其模型中的设定，假设分布函数 $G(q)$ 是以 $q=1/2$ 为对称点的点对称分布，即 $G(q)=1-G(1-q)$。为确保生产企业的最大化问题是合理且可求解的，假设 $G(q)$ 的危险率是递增的，即：

$$\frac{d}{dq}\frac{g(q)}{1-G(q)}>0 \tag{3-22}$$

基于 $G(q)$，其反向风险率是递减的，即

$$\frac{d}{dq}\frac{g(q)}{G(q)}<0 \tag{3-23}$$

针对两种商品的消费，消费者的期望效用分别用 $\nu_A(q)=q\nu_h+(1-q)\nu_l$ 和 $\nu_B(q)=q\nu_l+(1-q)\nu_h$ 来表示。为确保生产企业无法绕过流通企业将商品直接销售给消费者，假设消费者购买商品的期望价格为：

$$\int_0^1\nu_A(q)g(q)dq=\int_0^1\nu_B(q)g(q)dq=\frac{\nu_h+\nu_l}{2}<c_A \tag{3-24}$$

同时，为确保每一种商品都能通过流通企业销售给消费者，消费者在流通企业的建议下购买每种商品的条件期望效用必须超过每种商品的生产成本，因此假设消费者购买商品的条件期望价格为：

$$\int_{1/2}^{1} \nu_A(q) \frac{g(q)}{1 - G(1/2)} dq = \int_{0}^{1/2} \nu_B \frac{g(q)}{G(1/2)} dq > c_B \quad (3-25)$$

再次，假设流通企业关心消费者是否购买到了符合其需求的商品，因为流通企业建议的准确性将影响到其后续的声誉，流通企业的成本和效用分别用 m 和 w 表示。如果流通企业的建议使得消费者购买到了与其需求更匹配的商品，此时流通企业的成本和效用分别为 m_h 和 w_h；如果流通企业的建议使得消费者购买到与其需求不匹配的商品，流通企业的成本和效用分别为 m_l 和 w_l；如果消费者最终不购买任何一种商品，那么流通企业的成本和效用分别为 m_0 和 w_0（其中，$w_h > w_l > w_0$，$m_h > m_l > m_0$）。$w = w_h - w_l$ 为两种匹配状态下流通企业效用的差额，它可以表示中间商对于消费者与商品的匹配状态的关心程度。

最后，博弈阶段由三期（t = 1，2，3）构成。当 t = 1 时，为保证流通企业销售其商品，各个生产企业分别设定各自支付给流通企业的佣金 $f_n(n = A, B)$ 以及各自商品的销售价格 p_n，假设价格与消费者消费该商品所获得的效用是一致的。当 t = 2 时，流通企业向消费者传递关于商品的一些信息 I(I = A，B）以引导消费者做出购买选择；当 t = 3 时，消费者根据商品价格和流通企业提供的信息做出符合自身利益的最优购买决定。经过三期，整个博弈过程完成，所有的参与者通过策略选择实现自身利益的最优化。

3.2.3 不同情况下的博弈均衡及其比较

根据流通企业有无成本、消费者是否了解生产企业提供给流通企业的真实佣金，可以将博弈环境分为四种情况：①流通企业无成本、消费者不了解真实佣金。②流通企业无成本、消费者了解真实佣金。③流通企业有成本、消费者不了解真实佣金。④流通企业有成本、消费者了解真实佣金。接下来的部分将分析不同情况下的博弈均衡结果，均衡结果分别用上标 y(y = 1，2，3，4）标注以示区分，在此基础上比较各种博弈均衡结果的异同，并探究导致各种博弈均衡结果的原因。

3.2.3.1 在流通企业无成本、消费者不了解真实佣金的情况下的博弈

在流通企业提供的购买建议是信息型的情况下，均衡时每种商品都

能够被以严格正的概率卖出。流通企业的收益是由消费者的最终购买选择决定的，当流通企业建议消费者购买商品 A 时，其期望收益为 $E_A(q) = f_A + qw_h + (1-q)w_l$。当流通企业建议消费者购买商品 B 时，其期望收益为 $E_B(q) = f_B + (1-q)w_h + qw_l$。如果流通企业对两种商品的购买建议倾向无差别，此时 $E_A(q) = E_B(q)$，求解该等式得到其均衡概率为：

$$q^1 = \frac{1}{2} - \frac{f_A - f_B}{2w} \tag{3-26}$$

因为 $q \in [0, 1]$，当 $f_A \geqslant f_B + w$ 时，令 $q = 0$；当 $f_B \geqslant f_A + w$ 时，令 $q = 1$。当 $q > q^1$ 时，$E_A(q) > E_B(q)$，此时流通企业更倾向于建议消费者购买商品 A。反之，流通企业更倾向于建议消费者购买商品 B。

同时，当消费者购买两种商品中的任何一种所获得的效用与其支付的价格之差相等时，其购买任何一种商品是无差别的，即：$v_A(q') - p_A = v_B(q') - p_B$。根据该等式可得：

$$q' = \frac{1}{2} - \frac{p_B - p_A}{2(v_h - v_l)} \tag{3-27}$$

其中，q'表示在不了解真实的 q 值的情况下，消费者根据其观察对 q 值所作的无差别选择的估计值。通过式（3－27）可以看出，q'的大小取决于 $p_B - p_A$ 和 $v_h - v_l$，前一个差值是两种商品的价格差，后一种差值是两种匹配状态下消费者的效用之差，其在这里可以解释为匹配成功的概率 q 的单位传递成本。

在纯策略均衡中，消费者理性地通过其期望佣金 f_n^e 和流通企业的期望均衡概率 q^e 来理解流通企业提供的信息。将 f_n^e 带入式（3－26）得到 q^e，如果不存在内部阈值，处理方式与式（3－26）相同。当生产企业制定商品价格时，其必须考虑消费者的这些期望值，因为这直接决定了消费者对其商品的购买意愿。在该情况下，消费者所愿购买商品的条件期望价格分别为：

$$P_A(q^e) = \int_{q^1}^{1} v_A \frac{g(q)}{1 - G(q^e)} dq \equiv E[v_A(q) \mid q \geqslant q^1] \tag{3-28}$$

$$P_B(q^e) = \int_{0}^{q^1} v_B \frac{g(q)}{G(q^1)} dq \equiv E[v_B(q) \mid q < q^1] \tag{3-29}$$

任何低于消费者所愿购买商品的条件期望价格的商品价格都不是最优的，因为生产企业总是可以通过提高商品价格来增加其收益。当然，生产企业设定任何高于条件期望价格的商品价格，消费者都不会选择购买该商品。

在佣金给定的情况下，每个生产企业的期望收益取决于实际均衡佣金 f_n^1 所决定的实际均衡概率 q^1。每个生产企业的期望收益分别为：

$$\pi_A = [p_A - f_A - c_A][1 - G(q^1)] \tag{3-30}$$

$$\pi_B = [p_B - f_B - c_B]G(q^1) \tag{3-31}$$

将式（3－26）中所得的 f_A 和 f_B 带入式（3－30）、式（3－31），并分别对其求导，得到两个生产企业的最优反应函数为：

$$f_A = p_A - c_A - 2w\frac{1 - G(q^1)}{g(q^*)} \tag{3-32}$$

$$f_B = p_B - c_B - 2w\frac{G(q^1)}{g(q^1)} \tag{3-33}$$

在这里，类似于式（3－26），上述两式是严格为正的。且由于 $q \in [0,1]$，当 $f_A \geqslant f_B + w$ 时，令 $f_A = f_B + w$；当 $f_B \geqslant f_A + w$ 时，令 $f_B = f_A + w$。根据危险率的假设条件式（3－22）和式（3－23）的单调性可得，上述两式所得结果是唯一的。从每个生产企业支付给流通企业的佣金的最优反应函数来看，在实际均衡概率 q^1 给定的情况下，佣金 f_n 与其商品价格 p_n 正相关，与其生产成本 c_n、流通企业对于消费者与商品的匹配状态的关心程度 w 负相关。商品价格 p_n 越高，生产成本 c_n 越低，生产企业销售产品的收益越大，其销售激励越大，支付给流通企业的佣金 f_n 也就越高。另一项影响生产企业支付给流通企业的佣金 f_n 的因素是流通企业对于消费者与商品的匹配状态的关心程度 w，如果流通企业对于消费者与商品的匹配状态的关心程度 w 越低，那么佣金 f_n 起到的作用就会越高，此时生产企业支付给流通企业的佣金 f_n 越高。

根据罗曼·应德尔斯特和马克·奥塔维亚尼（2012）的证明，均衡是存在的，且具有唯一性。均衡时，消费者的期望均衡概率 q^e 等于实际均衡概率 q^1，其期望佣金 f_n^e 等于实际均衡佣金 f_n^1。如果存在两者之间的偏离，在生产企业和消费者行为均为完全理性的情况下，双方会不断修正自己的行为，最终达到均衡时所需要的条件。

当 $q = 1/2$ 时，将式（3－28）和式（3－29）分别带入式（3－32）和式（3－33），再将得到的 f_n^1 带入式（3－26），得到 $q^1 < 1/2$，此时，$q^1 \neq q$，这显然不是均衡点。将式（3－32）和式（3－33）分别对 q 求导得到：

$$f'_A = -v_A(q^1)\frac{g(q^1)}{1-G(q^1)} < 0 \tag{3-34}$$

$$f'_B = v_B(q^1)\frac{g(q^1)}{G(q^1)} > 0 \tag{3-35}$$

由上述两式可得，式（3－26）是关于 q 的递增函数，q 越小，q^1 越小，再结合之前式（3－22）和式（3－23）的单调性假设以及均衡的存在性假设，在［0，1/2］区间一定存在一点使得 $q^1 = q < 1/2$，此时 $f_A > f_B$。如果均衡点 $q^1 = q > 1/2$，必须保证 $f_A < f_B$，生产企业 B 获得更多的市场份额，但是 $c_A < c_B$，生产企业 A 更具有成本优势，它在确定佣金方面比生产企业 B 拥有更多的利润选择空间，它可以选择提高自身的佣金水平来获取更多的市场份额，进而获得更多的收益，因此该点不是稳定的均衡点。均衡概率 $q^1 < 1/2$，生产企业 A 比生产企业 B 获得更多的市场份额，生产企业 A 和生产企业 B 的市场份额之差为 $1-2q^1$。

将式（3－22）和式（3－23）分别带入式（3－30）和式（3－31），可以得到每个生产企业均衡时的最大收益分别为：

$$\pi_A = 2w\frac{[1-G(q^1)]^2}{g(q^1)} \tag{3-36}$$

$$\pi_B = 2w\frac{[G(q^1)]^2}{g(q^1)} \tag{3-37}$$

由均衡概率 $q^1 < 1/2$ 可得：$1-G(q^1) > G(q^1)$，进而得到 $\pi_A > \pi_B$。更具有成本优势的生产企业凭借其成本优势和市场份额可以获得更多收益。

3.2.3.2 在流通企业无成本、消费者了解真实佣金的情况下的博弈

生产企业支付给流通企业的佣金有时或主动或被动的会传递给消费者，比如生产企业出于营销策略向消费者传递其产品价格合理的目的主动向消费者传递其产品价格构成（例如，特斯拉电动汽车进入中国市场时即采取此营销策略），相关市场法律法规被动地要求生产企业必须向消费者如实披露其支付给流通企业的佣金等。在消费者不了解真实佣金的情况下，消费者理性地通过其期望佣金 f_n^e 和流通企业的期望均衡概率 q^e 来理解流通企业提供的信息，并得到自身对于所选择购买商品的条件期望价格 $P_n(q^e)$。而如果理性的消费者获得真实佣金信息，那么他就可以直接推导出流通企业的均衡概率 q^2，并获得自身对于所选择

购买商品的条件期望价格 $P_n(q^2)$，且 $P_n(q^2)=v_n(q^2)$。这是因为，当 $P_n(q^2)>v_n(q^2)$ 时，消费者不会选择购买该商品；当 $P_n(q^2)<v_n(q^2)$ 时，生产企业可以通过提高商品价格获得更多收益。

令式（3-30）和式（3-31）中的 $p_n=v_n(q^2)$，将式（3-26）中所得的 f_A 和 f_B 带入式（3-30）和式（3-31），并分别对其求导，得到两个生产企业的最优反应函数为：

$$f_A=v_A(q^2)-c_A-2w\frac{1-G(q^2)}{g(q^2)} \tag{3-38}$$

$$f_B=v_B(q^2)-c_B-2w\frac{G(q^2)}{g(q^2)} \tag{3-39}$$

对式（3-38）和式（3-39）的条件限制与式（3-32）、式（3-33）相同，在此不再赘述。与前述相同，在实际均衡概率 q^2 给定的情况下，真实均衡佣金 f_n^1 与其商品价格 p_n 正相关，与其生产成本 c_n 和中间商对于消费者与商品的匹配状态的关心程度 w 负相关。与式（3-32）、式（3-33）相比，唯一的区别在于此处 $p_n=v_n(q^2)$。

类似于 $q^1<1/2$ 的证明，可以求得 $q^2<1/2$。理性消费者在不了解真实佣金情况下对两种商品的条件期望效用取决于其期望佣金和期望均衡概率，该条件期望效用高于其期望效用，即 $E[v_A(q)\mid q\geqslant q^1]>v_A(q^2)$、$E[v_B(q)\mid q<q^1]>v_B(q^2)$。如果理性消费者在不了解真实佣金情况下对两种商品的条件期望效用不高于其期望效用，理性的生产企业不会选择隐瞒其真实佣金。当 $q^1>q^2$ 时，将式（3-22）和 $E[v_A(q)\mid q\geqslant q^1]>v_A(q^2)$ 带入式（3-29）和式（3-33）进行比较可得：$f_A^1>f_A^2$。当 $q^1\leqslant q^2$ 时，将式（3-33）和 $E[v_B(q)\mid q<q^1]>v_B(q^2)$ 带入式（3-30）和式（3-33）进行比较可得：$f_B^1>f_B^2$。这表明，一定存在某一家生产企业，使得 $f_n^1>f_n^2$。假设生产企业 A 在均衡时 $f_A^1>f_A^2$，如果 $f_B^1\leqslant f_B^2$，带入式（3-20），可以得到 $q^1<q^2$，这与前述将式（3-23）和 $E[v_B(q)\mid q<q^1]>v_B(q^2)$ 带入式（3-30）和式（3-33）进行比较得到的 $f_B^1>f_B^2$ 相矛盾。假设生产企业 B 在均衡时 $f_B^1>f_B^2$，如果 $f_A^1\leqslant f_A^2$，带入式（3-26）可以得到 $q^1>q^2$，这与前述将式（3-22）和 $E[v_A(q)\mid q\geqslant q^1]>v_A(q^2)$ 带入式（3-29）和式（3-33）进行比较得到的 $f_A^1>f_A^2$ 相矛盾。因此，在消费者了解真实佣金情况下两家生产企业所提供给流通企业的佣金都会减少。

将式（3-32）、式（3-33）和式（3-38）、式（3-39）分别带入式（3-26）得到：

$$\{E[v_A(q)\mid q\geqslant q^1]-c_A\}-\{E[v_B(q)\mid q<q^1]-c_B\}=w\left[(1-2q^1)+2\frac{1-2G(q^1)}{g(q^1)}\right] \tag{3-40}$$

$$[v_A(q^2)-c_A]-[v_B(q^2)-c_B]=w\left[(1-2q^2)+2\frac{1-2G(q^2)}{g(q^2)}\right] \tag{3-41}$$

在 $q=q^1=q^2$ 的情况下，上述两式右边部分是相同的，相应地等式左边也应该相等，将两式化简并变形后得到：

$$E[v_A(q)\mid q\geqslant q^1]-v_A(q^2)=E[v_B(q)\mid q<q^1]-v_B(q^2) \tag{3-42}$$

当 $q\in[0,1/2]$ 时，$E[v_A(q)\mid q\geqslant q^1]$、$v_B(q^2)$ 单调递减，$E[v_B(q)\mid q<q^1]$、$v_A(q^2)$ 单调递增，进而得到：$E[v_A(q)\mid q\geqslant q^1]-v_A(q^2)$ 单调递减，$E[v_B(q)\mid q<q^1]-v_B(q^2)$ 单调递增。前述提到 $E[v_A(q)\mid q\geqslant q^{ND}]>v_A(q^d)$、$E[v_B(q)\mid q<q^{ND}]>v_B(q^d)$，将 $q=1/2$ 带入式（3-42），该等式成立且大于零。由单调性得，在 $q\in[0,1/2]$ 上一定不存在某一个 q 使得式（3-42）成立，且在该区间上，$E[v_A(q)\mid q\geqslant q^1]-v_A(q^2)>E[v_B(q)\mid q<q^1]-v_B(q^2)$。在 $q\in[0,1/2]$ 上，如果式（3-42）成立，必然要求 $q^1<q^2$。

3.2.3.3 在流通企业有成本、消费者不了解真实佣金的情况下的博弈

在流通企业有成本且其在两种匹配状态下的成本不相同的情况下，流通企业建议消费者购买商品的期望收益发生了变化。当流通企业建议消费者购买商品 A 时，其期望收益为 $E_A(q)=f_A+q(w_h-m_h)+(1-q)(w_l-m_l)$；当流通企业建议消费者购买商品 B 时，其期望收益为 $E_B(q)=f_B+(1-q)(w_h-m_h)+q(w_l-m_h)$。如果流通企业对两种商品的购买建议倾向无差别，此时 $E_A(q)=E_B(q)$，求解该等式得到其均衡概率为：

$$q^3=\frac{1}{2}-\frac{f_A-f_B}{2w'} \tag{3-43}$$

其中，$w'=(w_h-m_h)-(w_l-m_l)=w-(m_h-m_l)$；当 $f_A\geqslant f_B+w'$ 时，令 $q=0$；当 $f_B\geqslant f_A+w'$时，令 $q=1$。在该情况下，消费者所愿购买

商品的条件期望价格分别为：

$$P_A(q^3) = \int_{q^3}^{1} v_A \frac{g(q)}{1-G(q^3)} dq \equiv E[v_A(q) \mid q \geqslant q^3] \quad (3-44)$$

$$P_B(q^3) = \int_{0}^{q^3} v_B \frac{g(q)}{G(q^3)} dq \equiv E[v_B(q) \mid q < q^3] \quad (3-45)$$

每个生产企业的期望收益分别为：

$$\pi_A = [p_A - f_A - c_A][1 - G(q^3)] \quad (3-46)$$

$$\pi_B = [p_B - f_B - c_B]G(q^3) \quad (3-47)$$

将式（3－43）中所得的 f_A 和 f_B 带入上述式子，并分别对其求导，得到两个生产企业的最优反应函数为：

$$f_A = p_A - c_A - 2w' \frac{1-G(q^3)}{g(q^3)} \quad (3-48)$$

$$f_B = p_B - c_B - 2w' \frac{G(q^3)}{g(q^3)} \quad (3-49)$$

每个生产企业均衡时的最大收益分别为：

$$\pi_A = 2w' \frac{[1-G(q^3)]^2}{g(q^3)} \quad (3-50)$$

$$\pi_B = 2w' \frac{[G(q^3)]^2}{g(q^3)} \quad (3-51)$$

此时，均衡佣金 f_n^3 与商品价格 p_n、生产成本 c_n、中间商对于商品匹配状态的关心程度 w 之间的关系发生了变化，它不再只取决于流通企业在两种商品匹配状态下的期望效用 m_h、m_l，而且受流通企业在两种商品匹配状态下的成本 m_h、m_l 的影响。q^3 是 w' 的增函数，是 $m_h - m_l$ 的减函数。如果流通企业成本 $m_h = m_l$，不会对均衡产生影响。如果 $m_h > m_l$，与流通企业无成本、消费者不了解真实佣金的情况相比，$q^3 < q^1$，$f_A^3 > f_A^1$，$f_B^3 > f_B^1$。

命题 1：在三方博弈中，流通企业的绝对成本具有无关性，影响博弈均衡状态的是流通企业两种不同状态下的相对成本。相对成本越大，具有成本优势的生产企业市场占有率越高，两家生产企业支付给流通企业的佣金也越高。

从以上分析可以得出，影响均衡的不是流通企业的绝对成本，而是两种不同状态下流通企业成本差额所造成的相对成本，相对成本 $m_h - m_l$ 越大，该均衡状态越偏离流通企业无成本情况下的均衡状态。在绝对成本变化、相对成本不变的情况下，流通企业对于两种状态的选择概率不会发生变化，流通企业的绝对成本只会影响到流通企业自身的利益，不会影响生产企业和消费者，这可以被称为绝对成本的无关性。

3.2.3.4　在流通企业有成本、消费者了解真实佣金情况下的博弈

在消费者了解真实佣金的情况下，流通企业的均衡概率依然由式（3-43）决定，与流通企业无成本情况下类似，生产企业所制定的商品价格不再是消费者的条件期望价格，而是消费者的期望效用 $v_n(q^4)$。两个生产企业的最优反应函数为：

$$f_A = p_A - c_A - 2[w - (m_h - m_l)]\frac{1 - G(q^4)}{g(q^4)} \tag{3-52}$$

$$f_B = p_B - c_B - 2[w - (m_h - m_l)]\frac{G(q^4)}{g(q^4)} \tag{3-53}$$

类似于流通企业有成本、消费者不了解真实佣金的情况，q^4 是 w' 的增函数，是 $m_h - m_l$ 的减函数。如果流通企业成本 $m_h = m_l$，不会对均衡产生影响，此时的均衡与流通企业无成本、消费者了解真实佣金时的均衡相同。如果 $m_h > m_l$，与流通企业无成本、消费者了解真实佣金的情况相比，$q^4 < q^2$，$f_A^4 > f_A^2$，$f_B^4 > f_B^2$。通过与流通企业有成本、消费者不了解真实佣金情况下的均衡状态进行比较，如果流通企业两种状态下的成本 $m_h = m_l$，结合绝对成本的无关性，该比较等同于流通企业无成本、消费者不了解真实佣金与流通企业无成本、消费者了解真实佣金两种情况的比较；当 $m_h > m_l$ 时，该比较类似于流通企业无成本、消费者不了解真实佣金与流通企业无成本、消费者了解真实佣金两种情况的比较，容易得出：$q^4 > q^3$，$f_A^4 < f_A^3$，$f_B^4 < f_B^3$。

命题2：流通企业的相对成本和消费者对于真实佣金的了解情况会影响博弈均衡结果，流通企业的相对成本对具有成本优势的生产企业和生产企业支付给流通企业的佣金的影响效应为正，消费者对真实佣金的了解情况对具有成本优势的生产企业和生产企业支付给流通企业的佣金的影响效应为负。

由以上四种情况下均衡状态时的两两比较可以得到以下四组均衡概率和生产企业提供给流通企业的均衡佣金对比关系式：$q^2 > q^1$，$f_A^2 < f_A^1$，$f_B^2 < f_B^1$；$q^3 < q^1$，$f_A^3 > f_A^1$，$f_B^3 > f_B^1$；$q^4 < q^2$，$f_A^4 > f_A^2$，$f_B^4 > f_B^2$；$q^4 > q^3$，

$f_A^4 < f_A^3$，$f_B^4 < f_B^3$。

以上四组对比关系式可以整合为两组，分别是：$q^2 > q^1 > q^3$，$f_A^2 < f_A^1 < f_A^3$，$f_B^2 < f_B^1 < f_B^3$；$q^2 > q^4 > q^3$，$f_A^2 < f_A^4 < f_A^3$，$f_B^2 < f_B^4 < f_B^3$。

通过这两组关系式可以发现，在流通企业无成本、消费者了解真实佣金的情况下，生产企业 A 的市场占有率最低，生产企业 B 的市场占有率最高，两家生产企业支付给流通企业的真实佣金最低。在流通企业有成本、消费者不了解真实佣金的情况下，生产企业 A 的市场占有率最高，生产企业 B 的市场占有率最低，两家生产企业支付给流通企业的真实佣金最高。产生这一结果的原因主要有两个：一是流通企业对于商品匹配状态关心程度的变化，二是消费者在不了解真实佣金情况下受流通企业所提供信息影响对其期望效用的偏离。流通企业绝对成本的等比例变化并不会改变均衡的结构和结果，但流通企业相对成本的变化导致了流通企业对商品匹配状态关心程度的变化，进而改变了博弈均衡结果。消费者在不了解真实佣金情况下受流通企业所提供信息影响产生了一个高于其实际期望效用的条件期望效用，这使得生产者可以制定更高的商品价格，同时其增加销售的激励也随之增加，进而导致其向流通企业提供更高的佣金促使流通企业更倾向于销售该生产企业的商品。此外，在佣金不被消费者所了解的情况下，更具有成本效率的生产企业有更高的激励增加提供给流通企业的佣金以提高其市场占有率，而不用担心佣金对消费者在选择所购买商品过程中产生的负面影响。正是这两个原因的双重叠加影响导致了上述结果的出现。

3.2.4　流通业集约化中流通企业的博弈结果分析

在生产者、流通企业、消费者三方博弈过程中，虽然各方行动有先后顺序，但在完全理性的前提下，先行动者同样会受到后行动者行为的制约，其并不具有先发优势，而真正影响博弈均衡结果的是博弈环境和参与者自身情况的差异。通过对四种不同博弈环境下三方博弈均衡的推导和比较，可以得出以下几点启示。

（1）流通业集约化在企业层面体现为流通企业的效率，而流通企业的效率取决于流通企业对商品匹配状态的关心程度。根据前述分析，流通企业对商品匹配状态的关心程度受到其自身在两种不同的商品状态下的效用和成本差值、生产企业支付给流通企业的佣金以及商品购买频次等因素的影响。流通企业的效用和成本差值越大，生产企业支付给流通企业的佣金越多，商品购买频次越高，则流通企业的效率越高，进而流通业的集约化水平越高。此外，流通企业对商品匹配状态的关心程度直接关系到生产企业支付给流通企业的佣金，也就是流通企业的收益。流通企业对商品匹配状态的关心程度取决于其两种状态下的效用差值和相对成本，效用差值越大，相对成本越小，流通企业对商品匹配状态的关心程度越高，生产企业支付给流通企业的佣金越低。流通企业绝对成本的无关性使其并不会影响到博弈结果。一般而言，购买频次越高的商品，其流通企业效用差值越大，相对成本越小，流通企业对商品匹配状态的关心程度越高。反之，流通企业对商品匹配状态的关心程度越低，往往该类商品的流通企业行为更需要监管机构加强监管，旅游区的旅游商品和服务就是该类的典型例子。通过对前述分析进行总结可以得出，流通业集约化在企业层面主要取决于技术效率和组织结构，而技术进步是驱动技术效率提升和组织结构优化的重要因素，因此技术进步也是流通业集约化在企业层面的重要影响因素。

（2）无论何种博弈环境下，在市场竞争中，具有成本优势的生产企业总是要比成本劣势的生产企业更主动，且前者的市场占有率总是高于后者。一家生产企业在市场竞争中增加竞争力最根本也是最有效的方式就是控制成本。只有降低商品的生产成本，生产企业才能在市场竞争中提升竞争力，从而激励生产企业不断提升自身经营管理效率和生产效率。控制成本的另一个优点在于它是生产企业的内部性问题，较少受外部因素干扰，无须为协调各方利益支付额外的成本。

（3）通过对比消费者是否了解生产企业支付给流通企业的真实佣金这两种不同博弈环境下的均衡结果可以发现，佣金披露不仅降低了商品价格和佣金，而且提高了成本劣势生产企业的市场占有率，优化了市场结构。作为佣金披露的利益受损者，流通企业一般不会主动选择披露佣金，而具有成本优势的生产企业是否会主动选择披露佣金取决于佣金减少幅度和佣金披露后市场占有率下降引致的利润损失之间的差额。在确保流通企业不会采取报复性行为或具有成本优势的生产企业会跟进其行动的情况下，具有成本劣势的生产企业可以率先采取主动披露佣金的策略。

第4章　流通业集约化的技术创新驱动：基于技术革命背景

上一章在对流通业集约化的机理进行剖析时得出，技术进步是流通业集约化的最重要的影响因素。目前，大数据、物联网、云计算、区块链、人工智能等新技术对整个社会经济体系产生了革命性的影响，近年来第四次技术革命的说法在学术界和业界都已经形成了一定的共识，技术革命背景下的技术创新革新再造了流通业，进而深刻影响流通业集约化的发展路径。本章围绕技术革命的内涵和特征，具体阐述技术革命对市场、流通职能、消费者思维的革新及其对流通组织结构和业态的再造。

4.1　技术革命的内涵与特征

技术革命本身是一个抽象性概念，不同的学者对此有不同的理解。《自然辩证法百科全书》一书将技术革命定义为技术发展的飞跃形式，一般是指对整个社会生产技术条件的整个技术支撑体系带来根本性的彻底变革，有时也用来代表某个单独的技术系统或者某个单独的技术领域中创造出来的能够带动整体性技术发展的突破性进展。在《20世纪科学技术简史》一书中，将技术革命的标志定义为社会中出现了迅速提升整个社会生产力的新技术体系，并且代替旧有的技术体系在整个社会生产力发展中的主导性作用，旧的技术体系并未被完全取代而是退居次要的位置。陈筠泉、殷登祥将技术革命视为一种新旧技术体系更迭的过程，即新兴的代表先进生产力的技术体系逐渐取代传统的落后的技术体系的过程。闫丽娟（2015）认为，只有掌握技术的本质属性，才能准确地把握技术革命的含义。从科技史来看，为提高生产力所要解决的关键性的技术难题、技术革命都萌发于取得突破性进展并能影响与带动其他技术发展的技术，称之为先导技术。先导技术会对其他技术产生连锁反应，使劳动资料获得新的功能，并在此基础上形成新兴产业，引起生产力的飞跃式发展。技术革命是由具有突破性的主导技术引致的相应技术规范变革而带动的整个技术体系的整体性变革。综上所述，技术革命是由能够显著提升社会生产力的突破性技术的发明和广泛应用所导致的整个社会的根本性变革。在变革过程中，新技术的发明和广泛应用会逐渐改造旧有的技术体系同时创造出新技术体系，最终成为整个社会经济发展的主导力量。

由于切入点和观察视角的差异，学术界对已有技术革命的划分存在各种不同的见解，其中的主要分歧集中在对电力和自动化所驱动的技术革命的认识上，有学者主张这是两次技术革命，更多的学者将由电力和自动化推动的技术革命统称为第二次技术革命。黄群慧、贺俊（2013）提出了工业革命（其所指工业革命与技术革命具有高度的相关性）划分的三个原则：一是对不同阶段的划分和认识上应该保持认定标准和逻辑上的一致性。二是应该有重大的突破性技术为标志，且该技术的应用前景广阔，并能提供广阔的技术机会。三是能够对产业竞争格局和产业结构产生深远影响。从这三个划分原则来看，三次技术革命的划分显然更加科学合理。这三次技术革命分别是：以蒸汽机的发明为标志的第一次技术革命，以电力的发明和自动化技术应用为标志的第二次技术革命，以及以计算机、微电子、核能等新技术驱动的第三次技术革命。齐建国（2013）从技术变革视角将这三次技术革命分别定义为动力技术革命、能源技术革命和信息技术革命。第一次技术革命的实质是动力技术革命，其主要内涵是通过机械力代替人类的体力，用机械强壮了人的四肢和肌肉，把人类从改造自然的力量困境中解放出来，使人类能够克服体力不足的缺陷，实现了对自然资源的大量开采、运输和加工利用。第二次技术革命的本质是能源技术革命，其核心内涵是通过电力技术、内燃机技术、化学能与人工合成技术等的发明与应用，使人类的力量进一步增大，速度进一步提高，生产效率大幅度提升，生产走向规模化和高速化，但这一次的技术革命并没有带来人类自然属性需求的革命性变革，只是通过能源技术的运用使人类改造自然的力量更大、速度更快。第三次技术革命的本质是信息技术革命，其核心内涵是通过信息采集、存储、传输、加工处理技术的发明和应用，用信息技术的逻辑计算力代替人类的脑力，把人类从处理海量信息的逻辑分析和计算能力的困境中解放出来，实现了脑力的扩张、智能的飞跃。在力量更大、速度更快的基础上，使人类变得更加聪明，工作更加精准化，并实现了工作的自动化、智能化和远程控制化。

从技术革命的演进历程看，历次技术革命都是在上一次技术革命基础上的技术的融合创新的集成，第四次技术革命的建立基础就是第三次技术革命带来的计算机和自动化技术的日臻成熟和广泛应用。第四次技术革命的引领技术主要集中在大数据、人工智能、云计算、物联网、三维（3D）打印、区块链、虚拟技术、仿生技术等领域。这些技术的成熟和应用将改变现有的生产方式、产业布局和经济结构，以一系列颠覆性技术为突破推动整个经济体系的创新发展，进而将其影响力延伸到经济领域以外的其他领域，引发整个社会认知的变革。

第四次技术革命的主要特征有：

第一，产业融合。根据分工理论的观点，伴随经济发展、技术进步和劳动分工的不断深化，专业化程度的提高有利于效率的提升，进而不断衍生出门类日益繁多、规模日益扩大的产业体系。根据发展经济学理论对经济增长的阐述，经济增长的主要路径是用于生产环节和消费环节的中间产品种类逐渐增加，由此导致各个产业部门之间的交易规模不断扩大，进而带动整个经济体系的增长。以往的三次技术革命均是遵循这一路径促进经济增长，然而新的技术革命从根本上变革了这种产业分化演进的趋势。依托于某一种新技术应用，第四次技术革命使得产业间的边界变得模糊，产业之间的跨界融合逐渐成为一种新的趋势。产业融合不仅在企业层面将改变企业的发展路径、运营模式、竞争策略、盈利模式等，还将改变整个国家的产业结构和经济增长方式。

第二，网络一体化。这里的网络不仅仅是互联网，还包括物联网领域。目前互联网技术已趋于成熟，且已经实现从传统互联网领域向移动互联网领域的跨越，不久的将来随着物联网技术的发展，将迎来全新的“万物互联”时代。通过互联网和物联网技术，企业可以通过生产过程的模块化来扩大产品范围，不再仅局限于自身原有的生产领域，同时可以实时获取已售产品的反馈信息来提高售后服务能力。消费者可以通过手机、电脑等设备实时监控自己所授权使用的其他设备并实现远程操作，突破原有的时间和空间所带来的局限性。

第三，深度智能化。深度智能化可以细分为智能制造、人工智能和深度学习等三个方面。智能制造主要聚焦于对传统制造业的革新和改造，在效率、安全性、准确性和环境适应性等方面显著优于传统制造。相对于智能制造，人工智能的应用领域涉及生产和生活的更多方面，它既可以向生产企业提供智能化生产技术，同时也可以向消费者提供互动性强的智能型消费产品。深度学习是智能机器学习研究的一个全新领域，它旨在通过模拟人脑的网络神经系统的运行机制来处理信息，并且能够通过自我学习来形成强大的思维能力。以谷歌公司开发的人工智能围棋对弈程序 AlphaGo 为例，其基于价值网络和策略网络开发的早期版本通过对以往大量围棋棋谱的学习在 2016 年 3 月战胜了世界围棋名将李世石，于 2017 年 10 月发布的最强版本 AlphaGo 已经能够在 3 天时间内从零基础达到顶级围棋高手的水平。

第四，个性化和多元化的普及。第三次技术革命通过自动化生产技术实现了节约成本的大规模标准化的生产，在一定程度上使得社会生产力得到提升，大众化需求得到满足，但同时也因客观条件限制刻意忽略了个性化和小众化的需求。新的技术革命通过模块化的智能制造、3D 打印、物联网等新兴技术使低成本、高效率的个性化定制成为现实。新兴技术使产品生产的边际成本大幅度降低甚至趋近于零，大规模标准化生产所带来的巨大规模经济效应在新兴技术面前失去其固有优势，而对个体需求匹配程度更高的个性化和多元化的商品市场将逐渐兴起并成为一种富有生命活力的新型组织形式①。

第五，生产要素转变。第四次技术革命催化了经济体系中主导性生产要素的转变。亚当·斯密、大卫·李嘉图、托马斯·罗伯特·马尔萨斯（Thomas Robert Malthus）等古典经济学家均将土地、劳动、资本、自然资源等生产要素视为农业经济时代和工业经济时代的主导性生产要素。即使历经三次技术革命，经济发展依然严重依赖于实物型生产要素的投入。伴随第四次技术革命，知识、数据、信息等非实物型新兴生产要素将取代土地、劳动等实物型生产要素在经济增长中的主导性作用，主要体现在以下几个方面：首先，信息、知识、数据等自身价值含量

① 谷彬，孙文博．新常态下就业的宏观经济影响因素研究——基于月度数据的实证检验[J]．宏观经济研究，2016（8）：12－19.

高，能够作为独立的生产要素进入到生产、流动、消费等经济各领域、各环节，以促进创新和效率提升，成为第四次工业革命的关键要素以及基础性与战略性资源。其次，这些知识、智力密集型程度更高的新生产要素具有易复制性、零边际成本、非损耗等特性，并能形成强大的溢出效应，能够作为独立的生产要素进入到生产、流动、消费等经济各领域、各环节，以促进创新和效率提升。再次，信息、知识、数据等生产要素不但自身价值含量高，而且还对资本、劳动、企业家才能等传统要素具有较强的渗透、改造和提升效应。最后，其应用、扩散与渗透能够与其他传统要素相互作用、相互补充，改善传统要素的质量，并通过与传统要素的有机配比，提高要素利用效率和边际效用，从而促使传统要素效率提升[①]。与之相应，经济体系中的主导性产业也将由劳动密集型、资本密集型转变为知识或智力密集型。非实物型生产要素具有可复制性、无损耗、零边际成本、渗透性强等特征，其一方面能够以独立的生产要素的方式直接参与到经济体系运行中去，直接提升经济运行效率。另一方面，根据新经济增长理论的观点，还可以通过与其他实物型生产要素结合的方式来改善和提升传统实物型生产要素的使用效率，进而带动整体效率的提升。此外，前三次技术革命实现了人的体力解放与劳动生产率提高之间的良性互动[②]，而第四次技术革命不仅是人的体力解放，更通过人工智能、深度学习等新技术将人类的脑力从记忆、推理、计算等繁杂的工作中得到解脱，从而能够激发出更大的创造力，通过富有创造性的新的非实物型生产要素的增长带来生产率的进一步提升，从而实现人的脑力解放和生产率提升的良性互动。

4.2 技术革命对流通业的革新

技术革命是由能够显著提升社会生产力的突破性技术的发明和广泛应用所导致的整个社会的根本性变革。第四次技术革命通过大数据、人

① 杜传忠，郭美晨．第四次工业革命与要素生产率提升［J］．广东社会科学，2017（5）：5－13.

② 时家贤．马克思恩格斯的世界市场理论及其当代启示［J］．当代世界与社会主义，2012（6）：18－25.

工智能、云计算、物联网等新技术向传统流通业赋能，引起流通业富有革命性和创造性的转变，很多专家学者将第四次技术革命给流通业带来的冲击称为新一轮的流通革命①②，这反映出第四次技术革命对流通业的变革影响至深。接下来从市场、流通职能、消费者思维三个方面具体阐述第四次技术革命对流通业带来的革新。

4.2.1　技术革命对市场的革新

市场是社会分工和商品交换形成的产物。著名营销学大师杰罗姆·麦卡锡（E. Jerome McCarthy）在其所著的《基本营销学》一书中把市场定义为一群具有相同需求且愿意以某种有价值的东西去交换卖方所提供的商品或服务的潜在消费者。市场有广义和狭义之分，狭义的市场是指买卖双方进行商品或者服务交易的场所，广义的市场是指所发生的所有交易行为。在农业经济和工业经济时代，受物理时空约束限制，商品和服务的交易均发生在时间和地点固定的场所，因此，广义的市场和狭义的市场并不存在本质区别。第四次技术革命通过信息化和智能化的新技术的广泛采用使得交易的物理时空分离变成可能，在交易场所、交易时间、产品品类、交易速度、中间环节等方面全面革新了市场的概念和边界。

新技术使得市场能够突破原有的经济时空和物理时空约束，拓展交易时空外延，提升流通效率，实现消费者和企业双方时间价值的增值，提高资源的配置效率。空间和时间是物理上两个联系紧密的概念，其相对值不会发生改变，且商品在两地之间运输时间间隔的长短往往对应于两个地方之间的空间距离的远近。在现有的参考系不变的情况下，没有技术能够改变这两者之间的密切相关关系。新技术对时空格局改造的逻辑是通过提升资源配置的效率来压缩时间轴上的空间距离映射，提高单位时间内空间距离密度，缩短单位空间的时间占有。具体而言，市场交易时空约束外延的实现路径就是交易时空的拓展和配送效率的提升。随

---

① 王成荣．流通新动力——创新力·规划力·文化力［M］．北京：中国经济出版社，2016：7－15．

② 颜艳春．第三次零售革命：拥抱消费者主权时代［M］．北京：机械工业出版社，2014：53－61．

着信息化水平的不断推进，与传统的农业经济和工业经济时代相比，交易场所逐渐由现实中的物理场所扩大到互联网领域，放宽了对交易地点和交易时间的客观约束，消费者也无须在固定的时间去固定的市场进行相应的消费，而是选择通过联网的终端设备在任意时点完成交易。如果说在互联网经济时代的早期发展阶段，由于受到网络接入和终端设备等互联网基础设施不完善的限制，真正意义上的任意时点的交易还无法实现，那么移动互联网的发展使得上述客观条件导致的局限性逐渐减弱。目前，制约交易时空的主要因素不再是来自于交易本身，而是在于商品或服务的配送效率。以电商平台企业之间的竞争为例，目前配送效率已经成为各大电商企业打造核心竞争力的关键着力点，像京东商城能够在近几年内异军突起很大程度上得益于其自建物流体系所带来的高效的物流配送效率，阿里巴巴集团通过对其他独立运营的物流企业的整合来构建菜鸟物流配送体系以实现其力推的“夜间配送”“当日达”等配送服务。

市场交易时空外延扩大的另一种形式是市场交易时空的分离。如同期货交易市场一样，在商品和服务的交易市场上，市场交易双方也可以在某一时点就某一项交易的商品或服务的品类、价格、数量、交易时间等达成共识并形成交易协议，然后在预先约定的未来时点完成交易行为。以伴随电商发展而逐渐兴起的“京东 618”“双十一购物狂欢节”等为例，电商企业为吸引客户往往会采用向提前支付预付款的消费者提供更大优惠力度的策略来提前锁定交易。

此外，技术革命在市场交易时空分离的基础上还能够通过传统流通企业与金融业的结合扩大现有交易规模，这种交易规模的扩大是通过提高资金的配置效率来实现的。针对具有强烈消费欲望但是缺乏资金的消费者，企业可以通过分期付款或者延期付款的方式来缓解其当期购买的资金压力，使消费者当期有限资金约束下的购买能力提高，刺激消费者将当期潜在的消费需求转化为实际的消费需求。针对消费欲望相对较弱但资金充裕并有一定理财需求的消费者，当期交易的消费者向企业支付超过商品实际价值的资金，然后双方约定企业在一定时期内将一定的资金返还给消费者，最终使消费者实际支付的金额小于商品本身的市场原有正常价格。其核心理念就是对原本闲置资金的重新分配以实现其使用价值的最大化。这种交易方式本身蕴含一定的风险，往往需要具有风险把控和资金运作能力的专业金融机构来完成，但技术革命带来的流通企业与金融业的跨界融合使得具有实力和信用基础的新型流通企业可以独立完成这一工作。

4.2.2 技术革命对流通功能的革新

根据马克思流通理论的论述，商品流通本身是商品交换的过程，商品流通的最主要的功能是其中介功能，在过去相当长的时间内的确如此。然而第四次技术革命带来的产业融合、个性化定制、网络一体化、生产要素转变等使流通业的功能发生了根本性的变化，流通业逐渐由简单的中介功能向引导生产、刺激消费、集成服务、创新驱动等功能转变。

在商品经济时代处于供不应求的卖方市场时，企业的生产主导整个经济体系的运行，流通业在其中仅承担简单交换的中介职能。随着经济的发展和生产力的提高，特别是第四次技术革命带来前所未有的生产力变革，商品经济逐渐由卖方市场转变为买方市场，企业生产的大众化、标准化的产品呈现出产能过剩的现象，同时消费者的个性化和多元化的需求得不到有效满足，流通业在经济体系中处于从属性的简单中介功能也逐渐转变为主导性的引导生产和刺激消费的中介职能。作为连接生产企业和消费者之间的中间纽带和桥梁，流通业能够将处于不断变化中的市场需求信息即时高效地传递给生产企业，引导生产企业进行需求导向性的生产，提高供给与需求之间的匹配度，形成供给与需求之间的长期高效均衡对接机制，减少由资源错配带来的无谓浪费。在传统工业经济时代，企业就已经意识到消费者需求曲线呈现出长尾效应，而且通过标准化、流程化生产能够确保生产长尾前端需求量大的商品的边际成本更低，利润空间更大，在相同模式下生产长尾末端商品往往出现得不偿失的情况。而第四次技术革命通过模块化生产、3D打印等技术极大降低了个性化和多元化的长尾末端产品的边际成本，这一定程度上激发了生产企业对长尾末端产品的生产欲望。同时，新技术的应用和结构性的产能过剩改变了企业与消费者之间的关系，消费者逐渐成为市场的主导力量。相对于生产企业，流通企业更接近消费者，特别是一些大型电商平台企业可以通过自己的电商平台直接获得关于消费者的消费习惯、地域差异、喜好差异等大数据信息，通过对大数据的深度处理和挖掘来获取消费者需求的有用信息，然后将这些信息反馈给相关企业以引导其生产行为，实现对消费者需求的精准对接。

在第四次技术革命的带动下，无论是互联网线上还是线下，流通企业与服务企业之间的跨行业融合趋势表现得愈发明显，集成服务成为流通企业的必要发展战略。线下的购物中心、集贸市场等实体由单一市场交易主体向提供售后服务、线下体验、餐饮、娱乐、金融、保健、休闲等综合生活性服务转变，线上的电商平台也通过提供物流服务、金融服务、信息服务等进行多元化发展探索。随着“互联网+”渗透到人们生活的各个领域，线上与线下的流通企业之间分别通过“触网上线”和接触实体的方式向原本陌生的领域进行延伸。集成服务和跨线发展既是流通企业自身持续发展的必然路径，也是新的技术革命对其提出的客观要求。伴随大数据、物联网、云计算等新技术的广泛应用，流通企业的集成服务将生产企业、流通企业和消费者紧密结合在一起，降低了信息的收集和处理成本，降低了供求错配的低效性，同时，通过引进智能化设备增强了物流配送的协同性和智能化，降低物流成本，提升了商品流通的效率和质量。

伴随第四次技术革命中的主导性生产要素由知识、数据、信息等非实物型新兴生产要素取代土地、劳动等实物型生产要素，流通业也取代制造业成为新的原发性创新驱动的主导产业，流通业在思维创新、业态创新、产品创新、流程创新等方面均起到重要引导作用。在传统经济体系中，由于知识、数据、信息等非实物型生产要素具有可复制性、无损耗、零边际成本、渗透性强等特征，难以对其进行合理的量化估值，同时还要面临严重的产权保护和维权成本等问题，这本身就制约了相关领域的创新积极性。在新的技术条件下，知识密集型产业逐渐成为市场体系的重要组成部分，且互联网追溯、物联网和区块链等技术和相关立法的完善共同构建起产权保护的围墙，非实物型生产要素具有了成为独立生产要素的必要条件。知识、数据、信息等无形资源是创新的源泉所在，谁拥有这些资源，谁就获得创新的先发优势。作为知识、数据、信息等资源的汇聚节点，流通业具有掌握创新的核心资源的先天性优势，通过对这些生产要素的收集、处理、加工和提炼，可以驱动自身的创新发展，同时也可以通过有针对性地向上下游企业和消费者释放相关资源来达到驱动上下游企业和消费者进行创新的效果。

4.2.3 技术革命对消费者思维的革新

第四次技术革命带来的冲击不仅仅改变了传统的生产方式，更打造了全新的基于互联网的思维方式。互联网思维是在新的时代背景下对商业社会的全新认识，它既包括平等、开放、协作、共享的互联网思想，也包括打通虚实经济阻碍、打破生产和消费时空约束的互联网理念，还包括由消费者主权论、市场均衡理论和长尾理论构成的互联网经济[①]。互联网思维不是互联网企业的专属思维，它是当下所有企业和消费者所必备的思维方式[②]。第四次技术革命带来的冲击不仅仅是消费者在线下实体商店和线上网络商城之间的转移，更关键的是通过新文化和新思维影响消费者的思维方式，进而推动消费者群体对消费观念的重新认识，最终影响消费者的消费习惯[③]。

4.2.3.1 互联网经济时代消费者思维的主要体现

1. 免费

免费思维已成为一种普遍共识，互联网的发展促使免费的观念深入人心，例如免费电子邮件、免费网络游戏，免费搜索引擎、免费新闻报道等，免费在某种程度上已经成了互联网的运营规则。尽管免费与经济利益最大化的商业原则背道而驰，然而免费经济模式带来的巨大收益却让商人们对此趋之若鹜，数字产品和服务的边际成本等于或者接近零是其存在的经济学基础[④]。美国著名学者克里斯·安德森（Chris Anderson，2009）指出，不论是无形的数字产品和服务还是实物商品，免费趋势都不可避免。站在消费者角度来看，作为低价的极端情况的免费带来的诱惑很难抵挡。免费消费者是指在购买某些商品和服务时，仅支付远低于商品实际价值的少量费用甚至不支付任何费用的消费者，商品售

---

① 李海舰，田跃新，李文杰．互联网思维与传统企业再造［J］．中国工业经济，2014（10）：135－146.

② 李晓华．“互联网＋”改造传统产业的理论基础［J］．经济纵横，2016（3）：57－63.

③ 祝合良，王明雁．消费思维转变驱动下的商业模式创新——基于互联网经济的分析［J］．商业研究，2017（9）：7－13.

④ 李永强，史亚莉，李剑南．免费经济学视角下的免费顾客网络价值研究综述［J］．经济学动态，2012（8）：88－91.

价差额需要由第三方对其进行价格补贴①。出于迅速抢占市场的考虑，企业会采取价格补贴的方式向消费者提供完全免费的优质商品或服务，而且消费者完全能够洞察到企业的免费动机。在购买商品时，消费者普遍存在内疚心理②，商品价格是影响消费者在做出购买决策时是否会产生内疚心理的重要影响因素之一，甚至于说，对于绝大多数消费者而言，商品价格都是其消费内疚心理最重要的影响因素，这就决定了商品价格将会成为决定消费者购买行为的最重要的影响因素之一，这也解释了为什么价格战一直以来饱受诟病，但依然是众多企业参与市场竞争的重要武器。事实胜于雄辩，更低的商品价格确实会使得商品对于消费者来说变得更有吸引力，而较低的商品价格会减弱消费者的内疚心理，进而刺激消费者扩大消费③。在传统消费观念中，商品的价格与质量成正向相关关系，低价对应劣质，互联网经济时代打破了这种常识性思维，目前的互联网巨头阿里巴巴、腾讯、谷歌、百度都是通过免费提供优质产品取得了商业上的巨大成功。

显然，天下没有免费的晚餐，免费并非完全意义上的免费。表面上看，消费者免费获得优质的商品或服务，实际上他们在消费的同时为企业创造出远远高于这些商品或服务成本的巨额价值。免费消费者为企业创造价值的机制主要是通过不同的价格交叉补贴来完成的，这种价值创造机制主要有三种：第一种是利用消费者在购买商品或服务时的黏性思维，在消费者获得免费的商品和服务时，商家会通过各种隐性手段或者显性手段来激发消费者对其他商品和服务的购买兴趣，引导他们购买其他需要付费的商品和服务。第二种是利用消费市场的涟漪效应和虹吸效应，通过免费用户吸引付费用户。就互联网产品而言，5%的消费者付费足以弥补全部的生产成本，也就是说，一百个消费者中只要有五个消费者是付费用户就足以确保商家能够收回成本，更多的付费消费者给商

---

① Gupta, Sunil, Mela F. What is a Free Customer Worth? [J]. Harvard Business Review, 2008, 86 (11): 102 - 109.

② Rochet, Jean - Charles, Jean Tirole. Platform Competition in Two - Sided Markets [J]. Journal of the European Economics Association, 2003, 1 (4): 990 - 1029.

③ 费显政，游艳芬，杨辉，等. 营销互动中的消费者内疚——对关键事件的探索性研究 [J]. 管理世界, 2011 (9): 116 - 126.

家带来的都是额外的净收益①。第三种是利用双边市场理论的间接交叉网络外部性，市场一端汇聚的消费者数量越多对市场另一端参与者的吸引力越大，企业就可以从市场另一端的客户那里获得更高的收益，特别是在市场两端的消费者付费意愿截然不同的市场上，该交叉网络外部性会表现得异常明显。比如体育直播市场，体育迷直接购买直播观赛权益的意愿要明显低于广告商对于直播节目中的广告进行付费购买的意愿，这在电视直播和网络直播中表现的都非常明显（需要说明的是，随着人们消费意识的提高以及消费观念的改变，体育直播付费群体不断扩大，但是该群体相对于免费群体来说依然属于小众群体）。

2. 共享

与免费思维的普及依托于互联网技术的广泛应用相类似，共享思维的深入人心得益于近几年迅速发展的移动互联网技术。共享是一种将自己所拥有的闲置物品授予他人使用或者自己使用他人所拥有的闲置物品或服务的开放式的交流过程②。共享的初衷并非盈利，而是在与陌生人的相互沟通和交流中获得一种全新体验③。从商业化视角分析，共享的实质是需要而缺乏某种资源的消费者与拥有并闲置该种资源的消费者通过一定的媒介达成相应的可信任的匹配④。共享思维早已有之，但受限于当时的客观条件，并未能够获得广泛的认可和应用，信息技术的发展是共享思维逐渐普及。互联网信息技术的发展极大削弱了共享双方所存在的信息不对称问题，同时相关商品或服务的价格、质量等信息的历史记录具有可获取性和易获得性，这增强了共享双方参与并提高品质的激励⑤。

---

① ［美］克里斯·安德森. 长尾理论［M］. 乔江涛译. 北京：中信出版社，2006：15－26.

② Belk，R. Why Not Share rather than Own［J］. Annals of The American Academy of Political and Social Science，2007，611（1）：126－140.

③ Gorenflo N. Collaborative Consumption is Dead，Long Live the Real Sharing Economy［EB/OL］. http：//pando. com/2013/03/19/collaborative－consumption－is－dead－long－live－the－real－sharing－economy/ 2013－3－19.

④ Dervojeda，K.，K. Verzijl，F. Nagtegaal，et al. The Sharing Economy，Accessibility Based Business Models for Peer－To－Peer Markets［A］. Business Innovation Observatory，European Commission Case Study，2013（12）：27－45.

⑤ Maarten Janssen，Sandro Shelegia. Consumer Search and Double Marginalization［J］. American Economic Review，2015，105（6）：1683－1710.

共享思维形成的驱动因素主要有消费者需求、信息技术、环境保护等，其中起决定性作用的驱动因素是信息技术的发展，而消费者选择共享的动机更多是对商品或服务的低价、优质、便利的追求①。拥有闲置资源的消费者通过在共享过程中转换角色成为资源提供者，通过收取低于商品或服务原有价值的价格使需要该种闲置资源的消费者从共享中受益，自己也实现了闲置资源价值的变现，最终实现共享双方的双赢格局。在共享的过程中，每个参与者都可以在消费别人闲置资源的消费者和传统意义上的提供资源的商家之间实现自身角色的自由转换，进而使整个社会的闲置资源得到更高效的利用，切实保证经济的绿色、高效、协调、可持续发展。共享思维在传统的农业和工业经济时代发展缓慢的原因主要是共享平台缺失、共享主体之间缺乏信任、信息传输渠道不通畅等。以近年来移动互联网、人工智能、大数据等信息技术的广泛应用为前提，众多以共享为核心理念的创新型互联网企业构建起完善的共享平台，逐渐在共享参与双方之间培育出一种健全的互信、互惠、包容、开放的信任机制，消除了原有的妨碍共享普及的信任屏障，强化了消费者参与共享机制的信心，使共享思维迅速得到更多消费者认可。刘奕和夏杰长（2016）指出，消费者的共享思维为其自身实现价值增值主要体现在以下三个方面：首先，市场双边汇聚的参与者越多，则市场的竞争力越强，相应的专业化程度越高。其次，信息的高效传输使得参与者的搜寻成本和交易成本大幅度降低，同时扩大了交易范围。最后，交易记录的可获得性和易获得性消除了信息不对称问题。除此之外，消费者原本处于闲置状态的资源重新获得了充分利用②，共享思维在与传统低效服务行业的竞争中也提升了双方的服务效率和服务质量③。

3. 共创

在由新技术驱动的互联网经济时代，商品价值创造的基础条件是企

① Bardhi, F., M. Eckhardt. Access - Based Consumption: The Case of Car Sharing [J]. Journal of Consumer Research, 2012, 39 (4): 881 - 898.

② Rothschild, D. How Uber and Airbnb Resurrect Dead Capital [EB/OL]. http: //theumlaut. com/2014/04/09/how - uber - and - airbnb - resurrect - dead - capital/ 2014 - 04 - 09, 2014.

③ Koopman, C. M. Mitchell, A. Thierer. The Sharing Economy: Issues Facing Platforms, Participants, and Regulators [M]. Fairfax: George Mason University, 2015: 172 - 173.

业与消费者双方共同参与商品价值创造过程①。在传统的农业经济和工业经济时代，出于利润最大化的考虑，企业只会选择规模化生产能够被绝大多数消费者接受的大众化商品，这样可以保证效率和成本的有效控制，处于需求曲线长尾末端的消费需求由于难以实现高效的规模化生产而被企业有意或无意的忽视。克里斯·安德森（2006）最早提出长尾理论的概念，其在对长尾理论的论述中指出，互联网经济时代的商品生产成本和销售成本的下降以及销售范围的扩展使得原本在有效销售半径内需求量小而商业价值低的商品的市场价值获得提升。由于长尾末端商品的商业价值获得提升，企业改变自身原有的思维来适应新的经济环境，有更强的意愿让追求个性化的消费者参与该类商品的研发、设计、生产和销售等环节。第四次技术革命带来的革新为消费者参与商品共创过程提供了条件，使企业和消费者共创个性化和多元化的商品由想法成为现实，共创市场的形成可以吸引更多的企业和消费者参与，更多企业和消费者的参与反过来又可以扩大共创市场的规模。

共创的前提条件是将原本处于不同年龄阶层和地区的零散分布的具有相同想法或者消费偏好的消费者聚合在一起，形成一个具有强烈排他性和高度自我认同的封闭的集合，在该封闭集合内，各成员之间能够相互达成一定的共识并给予身份认同，这种封闭集合就是社群②。社群是共创的基础，它使企业和消费者之间的简单的商品交换关系转变为通过思想交流共创商品的合作关系，这在传统工业经济时代所面临的个性化商品研发成本高、失败风险大和生产效率低的生产条件下是不可能实现的。基于社群思维，具有相同想法和消费偏好的消费者自发汇集在相同的网络社交平台上。企业可以通过对社群成员需求的精准挖掘来与其共同打造能够满足其独特需求的个性化商品。以小米公司的发展为例，小米能够在过去的短短几年内迅速发展壮大自然离不开其独特的饥渴营销方式和质优价廉的产品，同时也与其在小米社区中所汇聚起来的庞大的忠实米粉紧密相关，小米公司通过小米社区第一时间获得其目标客户群体对于产品的反馈信息并给予高效处理，这对小米公司的品牌塑造、口碑宣传、销售都起到积极的推动作用。

① Prahalad C. K.，Ramaswamy V. Co－Creation Experiences：The Next Practice in Value Creation［J］. Journal of Interactive Marketing，2004，18（3）：5－14.

② 魏武挥．社群经济与粉丝经济［J］．创业邦，2014（8）：24.

4. 跨时空消费

在商品交易市场上，时间和金钱是消费者所拥有的两种最基本的资源[①][②]，其中，金钱可以随消费者所拥有的资产和收入的变化而变化，但是时间对于所有人来说都是固定不变的，消费者用于某一项活动的时间增加必然就意味着他用于其他活动的时间减少[③]。如果消费者可以在消费行为上节约时间，那么就可以在工作、娱乐、休闲等方面获得更多的时间[④]。除时间和金钱以外，空间也是消费者的约束条件之一。线下交易活动将消费者局限在有限的消费半径内，且消费者由于信息渠道有限需要花费大量的搜寻成本（时间成本和金钱）来寻找自己所需要购买的商品，且难以确保能够获得满足自己期望的满意商品，这大幅度限制了消费者的消费品类和消费意愿。传统的线下交易活动属于时空密集型消费类型，而基于新技术的线上消费属于既能改善空间效用又能提高时间效率的时空集约型消费类型[⑤]。

在传统农业经济和工业经济时代，消费者即使对某一种特定产品有消费需求，但是如果在时空约束范围内由于需求量达不到商业化的临界点而没有该产品的供给，他就无法满足自己的消费需求，这既抑制了消费者的有效需求，也浪费了相应企业的生产能力。互联网经济时代放松了消费者的时空约束条件，消费者无须在其活动半径内的交易市场的营业时间内抽出必要时间去消费，而是选择利用自己的碎片化时间在网上完成交易，这使得消费者自身的时间价值无形中获得增值。线上交易实现了跨时空的市场供给和消费者需求之间的有机结合，有效缓解了供求结构性失衡问题。互联网经济时代所催生出的跨时空消费者主要有两种类型，分别是在过去就有强烈的跨时空消费意愿但其潜在消费意愿因时空约束而被抑制的消费者和原本并没有强烈的跨时空消费意愿但是具有

---

① Hsiao, Ming - Hsiung. Shopping Mode Choice: Physical Store Shopping versus E - Shopping [J]. Transportation Rearch, 2009 (45): 86 - 95.

② 荣朝和．交通——物流时间价值及其在经济时空分析中的作用［J］．经济研究，2011 (8): 133 - 146.

③ Berry, L. The Time Buying Consumer [J]. Journal of Retailing, 1979, 55 (4): 58 - 69.

④ 张永林，张春杨，李晓峰．市场信息集聚效应与交易效率的研究［J］．管理科学学报，2011 (11): 52 - 60.

⑤ 冯华，陈亚琦．平台商业模式创新研究——基于互联网环境下的时空契合分析［J］．中国工业经济，2016 (3): 99 - 113.

强烈的从众心理的消费者。对于采用新技术构建全新商业模式的企业来说，获得足够多的第一类消费者显得尤为重要，特别是能够给予企业足够的生存时间来培育市场。因为观念过于超前而不能被消费者群体接受而最终导致失败的产品数不胜数，即使是影响力大的独角兽公司也不能避免这种情况的发生。中国移动在移动互联网领域打造的通信软件飞信和微软公司在2004年发布的新型智能手表原型机都是属于这种情况。这两家公司都是各自领域具有绝对垄断力量的企业，产品失败不是技术原因和产品质量原因，而是因为市场不够成熟和没有足够数量的第一类消费者。现在，腾讯公司发布的移动通信工具微信和苹果公司推出的智能手表iWatch都在各自领域获得了极大成功。这体现出在目标市场上拥有足够数量的第一类消费者对于新产品成功的至关重要的作用。拥有足够数量的第一类消费者能够确保产品的基本生存空间，其还可以通过自身使用带来的示范作用带动目标市场上的第二类消费者，刺激第二类消费者潜在的跨时空消费需求，不断扩展整个跨时空消费群体范围，最终使跨时空消费成为消费者的一种必然的思维习惯。

4.2.3.2　基于消费者视角的商业模式创新的基础

"商业模式"（business model）一词最早是由加德纳·M. 琼斯（Gardner M. Jones，1960）于1960年提出，这也是商业模式相关研究开展的标志。商业模式是企业获取利润的具体形式，是企业创造价值的逻辑，它不仅是企业绩效的核心，同时也是企业制定战略的基石。从企业视角看，商业模式创新已经与产品创新和技术创新等共同构成企业重要创新形式。一项广泛覆盖全球高级管理人员的调查表明，超过半数的受访者认为未来竞争优势的源泉不是新产品或新服务而是新商业模式。随着互联网信息技术的发展和广泛应用，大批不同于传统商业模式的企业涌现出来并取得成功。"互联网+"彻底改变了人们的生活，"互联网+"时代下的新经济打破了物理时空约束、改变了交易场所、拓展了交易时间、丰富了产品品类、加快了交易速度、减少了中间环节，这对企业来说是前所未有的机遇，阿里巴巴、腾讯、百度等企业正是借助互联网技术创造出新的商业模式进而成为引领时代的行业巨头。

近年来，商业模式创新一直是研究热点，很多学者分别从要素视角、时空契合视角、价值创造视角、模块化视角等对此进行分析，这些研究主要是从企业角度出发对商业模式创新进行研究。毋庸置疑，企业是商业模式创新的主体，企业家精神是商业模式创新的源泉，但是任何新的商业模式都需要市场来对其进行检验，无法赢得消费者肯定的商业模式肯定不能称其为成功的商业模式。商业模式创新研究长期以来一直存在如下两方面问题：一是研究仅停留在抽象化理论层面，缺乏现实可操作性。二是实证研究多集中于具体案例分析，理论系统性不强，难以有效指导企业商业模式创新实践。此外，商业模式创新研究存在理论研究落后于企业现实实践的问题，导致这一结果的原因之一是企业以消费者为其商业模式创新的研究对象，而商业模式创新研究多是把企业作为研究对象来进行剖析。互联网时代的商业模式不再是由企业单方主导，而是需要让消费者参与进来，实现利益的共创和共享。

1. 消费者的聚合

互联网经济时代，消费的物理时空约束被打破，交易场所发生变化，交易速度加快[①]，使得长尾理论中长尾前端商品的竞争程度加剧，成为一片竞争的“红海”，成本和效率有效控制条件下的规模化生产的大众化商品由于差异化程度较低趋于同质化，很容易陷入价格战的泥潭中导致企业利润急剧下降，资金规模和技术实力相对较弱的中小企业更是很难从中获得收益。与之相对，原本在传统经济时代无利可图的长尾末端商品因其价值不断提升逐渐转化为前景广阔的“蓝海”，且由于长尾末端商品产品品类远多于长尾前端的大众化商品，其本身对追求成本和效率有效控制的大型企业在该区域形成市场垄断势力构成限制，中小企业有更多机会在某一特定细分产品领域获得竞争优势。

对于互联网企业来说，如何将原本零散分布、处于不同地区和年龄阶层的具有共同偏好或思想的潜在同类消费者聚合在一起形成具有市场价值的消费者群体，成为其商业价值实现的前提条件。这里的潜在同类消费者的消费商品范围既包括处于长尾前端的规模化生产的大众化商品，也包括原本处于长尾末端的商品。互联网企业对消费者进行聚合的方式主要是搭建网络平台，平台既是消费者与同一社群中其他人沟通的

① Hagiu A., J. Wright. Multi-Sided Platforms [J]. International Journal of Industrial Organization, 2015 (43): 162-174.

工具[1]，也是企业发掘商业机会的源头。网络平台有广义和狭义之分，从广义的角度看，所有的网站都可以称为网络平台，因为它们都向浏览其网站的人群提供了或多或少的信息。从狭义的角度看，网络平台是那些能够为其浏览者提供一定的信息并且能够让浏览者参与进来或引导其参与其他活动的网站。广义平台和狭义平台的本质区别在于浏览者是否能够在该平台进行一系列自主性操作。经济学研究的网络平台一般是指狭义网络平台，在本书中沿用此惯例。按照社群平台广度，可以将网络平台归纳为三种类型：第一种是单一社群平台，该类平台的指向性较强，只专注于消费者的某一特定偏好，并针对消费者偏好实现精准营销，比如小米社区。第二种是多社群平台，多社群平台既可以让客户根据自身偏好构建或加入社群（如百度贴吧），也可以根据一定的范式预先设定平台架构让客户去自主选择（此类多社群平台在电子商务平台企业中应用较为广泛，如阿里巴巴、京东等）。电子商务平台企业的社群属性主要体现在客户既可以与卖家进行沟通，还可以浏览其他客户对目标商品的已有评价，而且可以在购买商品后对其给出自己的评判。第三种是隐形社群平台，隐形社群平台不像前两种社群平台那么直观，它通过后台系统根据客户过往浏览记录自动将客户进行划分并向其精准提供可能感兴趣的内容，这一类社群平台主要集中在浏览器开发公司，客户在安装其浏览器过程中就已在不知情的情况下被植入了相应的插件，像360浏览器、UC浏览器等。

在互联网经济中，只要有5%的付费用户就足以承担企业的所有收入，另外95%的用户可以免费获得商品或服务，这被称为“5%定律”[2]。这并非意味着95%的免费用户对于企业来说是无效的，免费用户的数量增加使得企业的流量增加，进而可以吸引到更多的付费用户。对于互联网企业来说，流量就是获利的基本前提，没有流量也就没有获利机会。吸引到更多用户的企业就拥有了更多的流量，相对于其他企业也就有了更多的盈利空间。传统经济学中的租金是指企业总收益减去企业各要素投入的机会成本后的剩余，主要有“李嘉图租金”“熊彼特租

① Koopman, C. M. Mitchell, A. Thierer. The Sharing Economy: Issues Facing Platforms, Participants, and Regulators [M]. Fairfax: George Mason University, 2015: 172-173.

② Perrigot R., Barros C. P.. Technical Efficiency of French Rerailers [J]. Journal of Retailing & Consumer Services, 2008 (4): 296-305.

金”“彭罗斯租金”。租金获取的实质是超额利润的获取，其获取的基础条件是隔绝机制。传统工业经济时代，租金的来源主要是土地、资本、技术、管理、业态等方面的差异。互联网经济时代，用户和流量对租金获取起到至关重要的作用，拥有更多用户和更多流量的互联网企业就可以获得更多的利润。传统企业的市场势力是通过对生产要素、技术手段、行政许可等的控制来获得，而互联网经济时代的市场势力则来源于用户和流量。以企业对消费者（business to customer，B2C）电子商务企业为例，根据艾瑞咨询的数据，2016 年第三季度，天猫网的市场占有率为 56.2%，京东商城的市场占有率为 25.1%，两大电商平台的市场占有率总和超过 80%，而其他 B2C 企业的市场占有率均未超过 5%，天猫网和京东商城在该领域形成典型的双寡头市场结构。从各大 B2C 电商平台入驻商家的最低资费标准来看，天猫网入驻商家最低保证金为 5 万元，最低服务年费为 3 万元；京东商城入驻商家最低保证金为 3 万元，最低服务年费为 1.2 万元；苏宁易购（市场占有率为 4.4%，排名第 3）入驻商家最低保证金为 1 万元，最低服务年费为 1.2 万元。从上述数据可以明显看出，市场占有率越高的企业，其入驻门槛越高，通过用户和流量获得了更多的租金。即使市场占有率低的电商企业入驻门槛低，但更多的商家仍然会选择市场占有率高的电商平台，因为入驻市场占有率高的电商平台的额外支出远低于其收益。像小米公司和乐视公司虽然都有自建商城，但由于自建商城流量远低于大电商平台的流量，两家公司均选择入驻天猫网，并且实现了销量的大幅度提升。

2. 消费者的甄别

在实现了消费者的聚合之后，如何对消费者进行甄别分类就显得尤为重要，只有对消费者进行分类之后才能实施差别定价。企业能够对消费者实现差别定价的原因主要是消费者支付意愿、时间机会成本、需求价格弹性等方面的差异。互联网经济时代，消费者获得更多商品信息的边际成本接近于零，只需要多花一点时间浏览更多的网页就可以做到，这就使得过去工业经济时代企业通过消费者和企业之间对于商品信息不对称来对不同地区不同消费者群体实施差别化定价的传统方式不再可行。但是，这并不意味着企业无法通过甄别消费者来对消费者实施差别定价，只是消费者甄别的方式发生了改变。影响消费者购买选择的因素除价格外，还有商品品质、服务质量、商家信誉、时效等。在消费者做出购买决定的过程中，上述因素在每个消费者那里所占权重是有所差别的，这正是企业采取不同的定价策略来对消费者进行分类的切入口。

电商平台本身就起到了甄别消费者的职能，不同的消费者群体自动选择能够满足自己偏好的电商平台消费，消费者的选择取决于电商平台对自身的定位。以阿里巴巴公司旗下的淘宝网和天猫网为例，前者一直采取卖家免费入驻策略，后者设置一定的入驻资费标准将大部分小型卖家排除在外，前者所销售商品的价格总体上低于后者，后者在产品质量、服务等方面的保障高于前者。对价格相对更敏感、对产品质量和服务相对要求较低的消费者自然而然的更倾向于在淘宝网消费，对价格相对不敏感、对产品质量和服务相对要求更高的消费者就会更倾向于在天猫网消费。对于品质、价格、服务等完全相同的商品，企业也可以通过时效将消费者分为时间成本高、无耐心的消费者和时间成本低、有耐心的消费者，在规定时间内对商品进行降价促销就是其中一种方式，比如“双十一购物狂欢节”。虽然消费者能预期到“双十一购物狂欢节”时其想要购买的商品会降价，甚至商家在之前的宣传中就会明确指出其降价活动，但如果所购买商品是某些消费者急需使用的商品或者消费者不愿意忍受“双十一购物狂欢节”购买商品较长的配送时间等，这部分消费者就会选择直接购买商品而不是等待商品促销活动时间。

4.2.3.3 消费者思维转变驱动下的商业模式创新

传统工业经济时代经历了商品由“供不应求”的卖方市场向“供过于求”的买方市场的转移，互联网经济将买方市场的消费主体从长尾前端大众化商品向长尾末端商品进一步推进。第一次转移是将商品消费中主导者由企业变为消费者，第二次转移是将主导者在消费者内部进行转换。互联网经济时代的商业模式创新的出发点和落脚点都应该是消费者，消费者在整个商业模式创新流程中占据核心位置。消费者思维主要体现在免费、共享、共同创造和跨时空消费四个方面，消费者思维转变驱动下的商业模式创新也应该主要围绕这四个方面展开。

1. 免费思维驱动商业模式创新

在不降低商品和服务质量的前提下，企业降低商品价格的方式主要是成本有效控制和成本转嫁。成本有效控制是从企业角度出发的企业内部优化问题，本书主要是从消费者视角出发研究企业通过成本转嫁迎合消费者免费思维的策略。成本转嫁的经济学基础是价格交叉补贴，基于消费者视角的免费思维驱动商业模式创新正是通过价格交叉补贴的应用来实现。价格交叉补贴有四种形式，分别是同一消费者直接价格交叉补贴、同类异群消费者价格交叉补贴、异类消费者价格交叉补贴和混合价格交叉补贴。

同一消费者直接价格交叉补贴是指消费者在购买商品或服务时均有一定的黏性思维，其可以通过直接购买该企业提供的其他商品或服务来弥补企业在免费商品或服务上的成本损失。传统工业经济时代，此类直接价格交叉补贴一般应用于互补性较强的商品之间，且消费者对其中一种商品的价格较为敏感而对另外一种商品的价格不敏感，消费者有同时购买两种商品的习惯。此类价格交叉补贴实施的约束条件在于，如果商品互补性不够强或者价格不敏感商品在市场上有相应的替代品，那么理性消费者很有可能只会购买其价格敏感的低价商品，最终导致企业的成本转嫁策略失败。互联网经济使直接价格交叉补贴的应用范围扩大到非互补品领域，消费者投机性购买其中一种商品或服务的可能性也进一步降低。像天猫网、京东商城自营商品均有消费达到一定数额的订单免运费的活动，本质上消费者所购买的电子商务平台企业自营商品与物流配送之间是一种紧密的互补关系，消费者无法在未达到商家设定条件的情况下享受免运费优惠，而且物流配送没有可供消费者选择的更好的替代品。

同类异群消费者价格交叉补贴是指价格交叉补贴发生在同一类消费者中的不同群体之间。同类异群消费者价格交叉补贴的关键是对同类不同消费意愿消费者的甄别，前述消费者甄别中已经提到，消费者甄别的经济学基础是不同消费者之间的需求价格弹性差异。根据互联网经济中的“5%定律”，只要有5%的消费者为产品付费即可保证企业的正常盈利。5%定律的一个隐含条件是企业所提供商品的边际成本趋近于零，很多互联网产品均具有这种特征，促使同类异群消费者价格交叉补贴在互联网产品中的应用较为广泛。以网络游戏为例，网络游戏发展早期，网络游戏运营商主要采取计时收费模式，所有的玩家都必须付费。2005年开始，传奇、征途等网络游戏相继实行免费模式宣告了网络游戏免费时代的来临。在免费网络游戏中，运营商向玩家提供收费道具，玩家通过购买道具可以获得更好的游戏体验，道具购买的主动权取决于玩家自己，实践表明，网络游戏免费运营模式为运营商创造出更多的利润。

异类消费者价格交叉补贴是指价格交叉补贴发生在企业所面对的不同类型的消费者群体之间。异类消费者价格交叉补贴的经济学基础是双边市场理论。双边市场是两个或多个能够向对方提供交叉网络外部性的独立消费者群体所构成的组织①。哈古和莱特（Hagiu & Wright，2015）将双边平台扩展到多边平台，多边平台主要是将消费者群体由两个扩展到多个，其实质仍属于双边市场理论范畴。双边市场并非互联网经济时代的新产物，像超市、中介、信用卡支付等领域均是传统双边市场，互联网经济的特征与双边市场理论相得益彰，双边市场理论为异类消费者价格交叉补贴提供了理论支撑。双边市场的一个显著特征是平台一方参与者的数量直接决定平台另一方参与者的收益②。互联网企业远胜于传统企业的消费者聚合和甄别能力使得双边市场的特征得到更充分的体现，近几年大批具有双边市场特征的传统企业触网上线并取得飞速发展。互联网企业首先通过免费方式培育出足够数量的潜在消费者，并借此吸引能够从这些潜在消费者那里创造收益的另一类参与者，通过异类消费者价格交叉补贴的方式将成本转嫁给另一类参与者并取得收益。

混合价格交叉补贴是企业不只采用上述三种价格交叉补贴中的一种，而是同时使用其中的两种或三种。一家企业可以针对不同消费者灵活选择不同价格交叉补贴方式，这样既可以扩大价格交叉补贴的覆盖范围，也可以提高企业的收益水平。以视频网站为例，用户可以选择缴纳一定的费用成为视频网站的会员，就可以获得观看视频免广告、会员专属视频等福利，免费用户不能享受上述福利，这是一种同类异群消费者价格交叉补贴。同时，视频网站在为免费用户提供免费视频的同时也会向其提供一些收费视频，购买视频网站收费视频的免费用户之于视频网站就变成了同一消费者价格交叉补贴用户。此外，免费用户在观看视频时必须先观看一定时间的广告，这些广告发布者需要向视频网站缴纳一定费用，这些广告发布者相当于购买视频网站流量的消费者，这属于异类消费者价格交叉补贴。

① Wei Li. Peddling Influence Through Intermediaries [J]. American Economic Review, 2010, 100 (3): 1136-1162.

② Alessandro Lizzeri. Information Revelation And Certification Intermediaries [J]. Rand Journal of Economics, 1999, 30 (2): 214-231.

2. 共享思维驱动商业模式创新

共享的实质是闲置资源拥有者与需求方之间实现匹配，从而提升资源利用效率。传统工业经济时代，共享思维之所以无法实现成功的商业模式创新，主要是由于信息不对称、信任机制缺失、搜寻和交易成本高、市场范围小、配置效率低等原因。互联网经济的发展在一定程度上消除了上述阻碍共享的因素，为共享思维驱动下的商业模式创新扫除障碍。由于共享是所有权和使用权的分离，保障问题就被放到突出位置，既要保障共享发起者也要保障消费者的权益，像某地就爆出了有消费者将共享单车挂到树上这种损害共享发起者和其他消费者利益的行为。协同监督是一种常用的保障机制，它要求共享者和消费者自愿接受共享平台企业的监管①。共享思维驱动商业模式创新还面临营利性共享和非营利性共享的选择问题。有人会质疑营利性共享违背了其互助交流的初衷②，但非营利性共享必然面临缺乏资金和市场的问题。亨登和温德基尔德（Henten & Windekilde，2016）认为，共享的核心问题不是营利与否，而是共享平台企业的所有权和其治理模式的有效性。

根据共享的营利与否，可以将其区分为非营利性共享和营利性共享。传统工业经济时代的共享多发生在小范围的熟人之间，人们多是出于帮助他人从而实现自己心理的满足动机参与共享，这种共享多是非营利性共享。互联网经济时代的非营利性共享是对传统工业经济时代产生于熟人社会之间的共享的一种延展。互联网经济时代，非营利性共享可以借助熟人社交网络平台（微信、QQ 等）或信息聚合发布平台（58 同城、赶集网等）来实现。但正如前述所言，非营利性共享不可避免地面临资金和市场的问题，熟人社交网络平台将共享限制在熟人之间，而信息聚合发布平台在资本约束制约下信息资源繁杂、专业性差且缺乏必要保障。非营利性共享的商业化路径主要有两种形式：一是在聚合了足够多的消费者之后向营利性共享转型。二是依托其非营利性共享市场，开发具有营利空间的周边产品市场。营利性共享虽然有悖于共享的初衷，但是它在实现资源利用效率提升的前提下增进了消费者福利，同时向参

---

① Golovin S. The Economics of Uber [EB/OL]. http://bruegel.org/2014/09/the-economics-of-uber/2014-09-30, 2014.

② Malmquist S. Index Numbers and Indifference Curves [J]. Trabajos De Estatistica, 1953 (4): 209-242.

与者提供了足够的保障。相对于非营利性共享，营利性共享给予共享者的激励更大，其参与意愿更强，潜在市场空间广阔，且具有更加稳定的可持续性。

根据共享企业的市场定位，共享企业与传统企业存在三种关系：一是错位竞争，共享企业将其目标市场定位在传统企业无法触及的领域。二是正面竞争，共享企业与传统企业在相同领域展开竞争，相互争夺市场。三是相互融合，共享企业可以从线上向线下融合，传统企业也可以选择从线下向线上融合。

3. 共创驱动商业模式创新

共创的基础是互联网经济的发展，共创的前提是具有共同偏好的消费者的聚合，共创的结果是企业与消费者实现供给侧与需求侧的无缝链接。消费者直接参与商品的研发、设计、生产、销售等环节的过程是将自己的思维植入商品的过程，这种共创流程下生产出的商品也正是真正满足消费者需求的商品，而不再是企业根据流行趋势、过往销售记录等对未来市场进行研判后所生产的商品。从经济学角度来看，前者属于实际需求，后者属于预期需求。预期需求与实际需求的偏差导致供求不平衡，而共创模式下产生的实际需求与供给的无缝链接从初始阶段就保证了供求平衡。

在共创模式下，企业的职能发生转变，它不再仅仅是商品的生产者，而是更多担当消费者参与商品创造过程中的引导者、服务者。企业为消费者提供基本的生产条件和生产物质保证，依托自身拥有的专业知识积极引导消费者的创造过程并解决消费者在参与共创过程中所遇到的问题。传统工业经济时代，消费者购买商品是为商品本身的价值付费。共创模式下，消费者所购买的不再只是商品本身，而是商品共创过程中享受到的各种服务，服务的价值可能远高于商品价值本身，经济模式由传统的商品经济进化到服务经济、体验经济。

企业对长尾末端商品的商业化开发是消费者参与共创的初级阶段。在该阶段，消费者参与商品共创的程度较低，企业在商品的生产过程中依然起到决定性作用，企业对特定群体消费需求的挖掘是关键，其流程为：生产企业生产出满足某一特定群体需求的商品并将其投放市场，消费者将用户体验反馈给生产企业，生产企业做出有针对性的优化方案。以小米社区为例，小米工作人员虽然会在社区中就其产品与社区中粉丝进行互动交流，但做出最终决定的依然是企业，而不是消费者。消费者参与共创的中级阶段是企业将商品模块化，消费者根据自身需求在各模块中进行选择，企业根据消费者的选择生产最终产品。在该阶段，消费者具有一定的自主选择权，但其选择是在企业预先设计的模块中进行选择，像海尔个性化定制就是采用这种形式。消费者参与共创的高级阶段是商品共创过程由消费者主导，企业在其中只起到辅助和指导作用，让消费者不只是获得满足其需求的商品，更重要的是参与共创过程中获得的体验和服务。

消费者参与共创过程是“大众创业、万众创新”的实现形式之一。共创过程本身就是微创新过程，消费者通过共创生产出的产品在满足自身需求的同时也可以销售给有同样需求的其他消费者从而实现共创基础上的微创业。共创过程中消费者主要是提供创意，企业提供技术和物质支持，这种形式既降低了消费者参与创业、创新的门槛，又分摊了消费者在其中承担的风险，有利于激发普通消费者的创业、创新热情。

4. 跨时空消费驱动商业模式创新

消费者的跨时空消费需求要求企业要突破原有的物理时空和经济时空约束，提高资源的配置效率，不断拓展消费者消费时空外延，实现消费者时间价值的增值。时间和空间是两个紧密联系的概念，空间距离的远近往往对应于时间间隔的长短，互联网经济并不会改变这种基本的关联关系，而是将空间距离在时间轴上的映射比例进行压缩，压缩程度取决于企业资源配置效率的提升程度。在有限时间内，通过空间距离在时间轴上的映射比例的压缩，消费者的有效时间得以增加。

互联网经济时代，企业实现消费者跨时空消费的路径之一是拓展交易时空，提高配送效率。与传统工业经济时代相比，互联网电商企业放宽消费者的交易时间或地点约束，消费者可以在任意时点通过电脑、手机等终端设备购买商品，而不再需要花费大量时间去固定的商场进行消费。如果说传统互联网经济时代，由于受终端设备和网络接入的限制，消费者还无法实现真正意义上的任意时点消费，那么随着互联网经济从传统互联网经济时代向互联网经济时代转变，消费者购物的终端设备从电脑变为手机等移动终端设备，购物载体从互联网网页转移到手机应用，实现了消费便捷性的进一步提升。商品配送效率也是制约消费者跨时空消费的因素之一，众多电商巨头纷纷将此作为吸引消费者的着力点，像京东商城推出的“次日达”“隔日达”“211 限时达”等，天猫网通过自建菜鸟物流配送体系推出的“当日达”“夜间配送”等，苏宁易购甚至推出时效性更强的大件商品“半日配送”服务。

互联网电商企业还可以通过消费者支付与消费的分离来实现消费者跨时空消费。在消费活动之前的某一时点，消费者就交易的商品品类、数量、价格、时间与企业达成协议并支付一定费用，然后双方在预约时间完成交易。像“双十一购物狂欢节”之前，电商企业推出预付款活动，消费者提前支付一定金额，在“双十一购物狂欢节”当天可以抵扣约定金额，为了保证活动对消费者具有足够的吸引力，通常支付金额要远小于约定抵扣金额，即预付款用户享受到更大的优惠力度。

跨时空消费驱动下的商业模式创新还可以通过与金融投资等手段相结合来实现。当消费者购买的商品面临当期支付压力时，消费者可能选择放弃其消费计划，此时，企业向消费者提供消费贷款，使消费者能够在当期支付商品价格的一定比例就能获得商品，其他金额分摊到未来一定时间内，这有效缓解了消费者的当期消费压力，同时刺激消费者在当期花费相同金额购买更多商品。此外，针对购买力强、有大量闲置资金的消费者，企业让消费者支付超过商品实际价值的价格，然后再分期将消费者支付的金额逐渐返还给消费者，最终消费者以实际低于商品市场价格的价格获得商品。这种运行模式的核心在于企业将消费者支付的资金用于投资并获得收益，且这些收益超过商品价格，消费者购买的商品就相当于消费者委托企业进行投资获得的分成。这种运行模式适合于风险偏好性的消费者，同时要求企业具有较强的资金运作和风险把控能力，一旦资金周转出现问题，很容易出现违约问题。

4.2.3.4　结论

只有赢得消费者肯定的商业模式才能称为成功的商业模式，企业进行商业模式创新的最终研究主体是消费者，商业模式创新研究的主体应该与企业相一致，这既能够保证商业模式创新研究的成果的现实可操作性，同时可以保证商业模式创新研究保持一定的前瞻性和指导性，能够真正切实给予企业商业模式创新以指导，而不是研究成果反而滞后于商业模式创新的实践，真正体现出商业模式创新研究的理论价值和现实意义。

消费者思维的转变与社会经济发展状况紧密相关。传统工业经济时代经历了商品由“供不应求”的卖方市场向“供过于求”的买方市场的转移，互联网经济将买方市场的消费主体从长尾前端大众化商品向长尾末端商品进一步推进。与之相应，商品消费中的主导者完成了从企业到主流消费者再到个性化消费者的转变过程。互联网经济时代，企业和消费者在商品销售中主导地位的转换使得企业需要适应消费者思维的转变，通过商业模式创新提供能够与消费者思维相契合的商品或服务。适应消费者思维转变的前提条件是消费者的聚合和甄别，这本身就是商业模式创新的方向之一。企业获得具有商业价值的消费者信息就掌握了消费终端，它既可以通过向相关企业提供消费者信息服务来获取利润，也可以自己直接向消费者精准提供满足其需求的商品或服务来获取利润。

从企业商业模式创新实践来看，免费、共享、共创三种消费者思维在企业商业模式创新进程中依时间大致呈现出层层演进的趋势，跨时空消费贯穿整个过程并不断拓展。在互联网经济发展早期，消费者免费思维已经成为企业商业模式创新的热点，一批企业通过对消费者免费思维的精确把握迅速发展壮大成为行业巨头。近几年，以滴滴打车、优步等打车软件的风靡为引领，涌现出大批致力于开发消费者共享思维下的市场空间的企业。与消费者思维中的免费和共享思维相比，虽然已经有企业在消费者共创领域进行商业模式创新尝试，但还处于消费者参与共创的初中级阶段，至今没有出现以挖掘消费者共创为主导的互联网寡头企业。消费者共创思维驱动下的商业模式创新将使企业从向消费者提供最终商品和服务转变为向消费者提供参与共创过程中的中间服务。消费者参与共创不仅仅是企业商业模式创新，还能够为“大众创业，万众创新”搭建平台带动众多消费者参与微创新过程，为大众参与创新、创业提供机会，最终推动经济由商品经济向服务经济、体验经济演进。消费者思维不是完全割裂的，企业在商业模式创新实践中，可以专注于一种消费者思维，也可以结合多种消费者思维。此外，消费者消费思维不是一成不变的，企业在商业模式创新实践中应该时时把握消费者消费思维的变化并据此给出应对措施。

4.3 技术革命对流通业的再造

技术革命不仅仅是对流通业在市场、流通功能、消费者思维等方面的局部革新，更优化、重塑和再造了流通业的组织结构和业态形式。互联网、物联网、大数据、区块链等新技术的应用彻底变革了流通业原有的贸易格局、配送体系、支付体系、供应链体系和信用环境等，使整个流通业的组织结构发生了根本性的变化，同时一批依托新技术、顺应新时代需求的流通新业态在全新的市场环境中不断涌现并迅速蚕食传统流通业态的市场份额，在新旧业态的碰撞中优胜劣汰并推动整个流通市场的不断壮大。

4.3.1 技术革命对流通业的结构优化和重构

伴随着新技术与流通业的结合，原有的流通渠道被改变，流通效率提高，流通费用整体上呈现降低的趋势，原有的流通组织结构逐渐优化并在与新技术的融合发展中被重构。技术革命对流通业组织结构优化和重构主要体现在流通渠道的去中间化、再中间化和虚实结构融合三个方面。

1. 流通渠道的去中间化

新技术对流通渠道的最直接影响体现在其对信息不对称、时空约束减弱等原有问题的解决，整个供应链上下游之间的信息传输效率大幅度提升，企业的决策成本和消费者的搜寻成本都显著降低，传统的批发业和零售业等流通行业受到新业态的冲击，整个供应链均呈现出趋于扁平化的去中间化趋势。信息传输效率的提升使得生产企业向下参与流通过程和流通企业向上参与生产过程所要耗费的成本降低。大型生产企业借助互联网、大数据、云计算等新技术，通过自己建立流通部门简化流通环节实现与消费者的直接对接，能够更加及时、高效、精准地获得消费者需求的动态变化信息，实现生产与消费者的个性化和多元化需求的动态变化之间的有效衔接。流通企业也可以凭借自身掌握的渠道资源信息优势实现对生产企业的逆向整合。流通企业的优势在于其能够直接接触到最终的消费终端，且相对于生产企业的自建流通体系而言具有更大的规模和更多的渠道。从消费者角度分析，消费者最终购买到的商品就是符合其某种消费需求的商品，如果购买行为具有持续性说明其所购买商品得到了消费者的认可①。凭借对第一手数据的获取和潜在消费信息（消费者浏览商品种类以及停留时间等购买信息以外的相关信息）的深度挖掘，流通企业比生产企业优势更明显。因此，在流通渠道的去中间化进程中，流通企业向上整合流通渠道要比生产企业向下整合流通渠道更容易。

2. 流通渠道的再中间化

在日趋多变的市场环境下，消费者对个性化和多元化商品的需求不断增长，同时对商品和服务的品质的要求不断提升，应运而生出新的以提升效率和服务品质为目标的新型流通环节，流通渠道的再中间化成为一种新时代发展的客观产物。流通渠道的再中间化是新技术对传统流通业进行改造和重构主导下的分工深化的必然结果。从交易成本理论来看，只要是市场上存在信息不对称问题，企业和消费者之间还存在交易成本，那么具有中间属性的流通企业的存在空间就会一直存在②。流通渠道的再中间化主要体现在关系调配、资源聚合和智慧管理等方面。致力于向供应链前端整合流通渠道的流通企业在对供应商进行筛选时衍生出动态监管和客观筛选的服务需求，由更专业化的独立部门来执行这些目标能够有效降低甄别筛选成本，提高配置效率。资源聚合主要是对零散的消费者需求和产能资源的聚合。原本不具有商业价值的处于长尾末端的个性化和多元化的消费者需求之所以逐渐受到重视，一方面是新技术的应用降低了个性化定制的成本，另一方面是新技术的应用打破了原有的时空约束，使得原本零散分布且单个区域需求小的个性化的消费者得到有效的聚合和筛选并形成具有一定规模的有效需求。同时，资源聚合不仅仅限于对消费者需求的聚合，还包括对于生产企业的有限生产能力的聚合。通过对企业产能的聚合，再中间化的新型流通企业能够向消费者提供更多的产品种类以及更优质的服务质量。智慧管理体现在新型

① 谢莉娟．互联网时代的流通组织重构——供应链逆向整合视角［J］．中国工业经济，2015（4）：44－56.

② 李冠艺．互联网思维下电商物流创新与传统物流转型［J］．商业研究，2016（4）：187－192.

流通企业应用新技术对整个流通渠道的掌控和动态管理，它既包括对个性化和多元化的消费者需求的聚合分类，还包括对生产企业产能的调配，更包括对整个物流配送体系的优化整合。

3. 虚拟经济和实体经济的良性融合

在互联网经济时代的早期发展阶段，基于互联网技术的线上流通企业凭借自身在品类、速度、价格、便利等方面对流通效率的提升迅速挤压了原有线下流通企业的生存空间，一批批传统线下流通企业顺应时代发展的浪潮也纷纷选择触网上线。实际上，线上虚拟流通企业和线下实体流通企业都有各自的经营优势和适用边界，线上虚拟流通企业无法完全替代线下实体流通企业对消费者在用户体验、沟通交流、休闲娱乐等方面的需求满足，线上虚拟流通企业在过去十几年的迅猛发展中也在逐渐逼近自身的适用边界的临界点。在2016年10月于杭州举办的云栖大会上，中国电子商务业界的领军人物、阿里巴巴集团董事局主席马云提出，纯电商时代已经进入发展的末期，引领下一个时代发展的是能够将线上、线下和物流有机结合的“新零售”。原本具有纯正的线上虚拟经济基因的阿里巴巴集团随后通过并购、参股、新建等多种形式加快了自身的实体化步伐。无论是“新零售”还是“新流通”，其本质上都是通过智能化的新技术对整个供应链体系的重构和再造来实现原本相对独立的线上、线下以及物流的融合。流通企业的线上线下融合可以实现通过线下体验带动线上销售、线上流通渠道为线下汇聚客源的良性互动，带来线上线下销售额均获得提高的双赢局面。此外，流通企业的虚实融合提高了消费者的用户体验，增进了服务质量，拓宽了企业与消费者之间的有效沟通渠道，增加了消费者的满足感和满意度。虚拟经济和实体经济的良性融合不仅有利于消费者，而且能够促进相关企业拓展全新的市场领域，增加整个社会的福利水平。

4.3.2 技术革命驱动流通业态创新

“业态”一词是由日本传到中国的日语汉字词汇，最早出现于20世纪60年代①。业态是指在特定的社会经济条件下，针对特定目标消费

① 赵尔烈，于淑华．战后日本流通政策体系及其对我们的启示［J］．商业经济与管理，1996（1）：5.

者的特定需求，企业基于自身的优势选择某一种恰当的特定经营形态向消费者提供商品和服务的组织形态[①]。广义的流通业态包含批发业态、零售业态、物流业态等。在对流通业态的演进过程进行相关的研究和分析中，由于批发业态和物流业态的形式相对固定，研究者一般将流通业态在狭义视角上视同为零售业态，即零售企业如何通过采取特定的经营方式向其目标消费群体销售商品和服务的组织形态。技术革命驱动流通业态的创新也主要是围绕零售业态的创新展开。流通业态的创新的主要驱动力是新技术的市场化和产业化[②]。

技术革命为流通业态的创新提供了现实基础。在生产能力有限的卖方市场上，商品供不应求现象属于市场上的常态，消费者最关心的问题是能否购买到符合自己需求的大众化商品，而对于商品品质和服务的要求相对比较低，无论是生产企业和流通企业都没有足够的创新动力。伴随技术革命带来的生产力的提高和对供应链的整合和重构，生产能力日益提高，商品市场逐渐由卖方市场过渡到买方市场，市场主导权也由企业转变为消费者，原有的旧业态在市场上逐渐失去竞争优势，在客观上要求由新业态的出现来适应和满足市场和消费者需求的变化。同时，随着社会经济发展和技术进步，消费者的收入水平、思维方式、需求偏好等都会发生改变，这些变化通过市场传导机制倒逼上游的流通企业做出相应的改变。一方面，原有的流通企业可以在现有的旧业态的基础上进行相应的完善和调整使旧业态焕发出新的竞争优势。另一方面，流通企业可以通过构建适应新技术、新需求的全新业态来对接全新的市场环境。技术革命通过改变市场结构和消费者使流通企业不得不通过业态创新方式来适应新环境的同时，它也为流通业态的创新提供了技术支撑，像在互联网经济时代大放异彩的 B2C、企业对企业（business to business，B2B）、消费者对消费者（customer to customer，C2C）、工厂对零售商（factory to retailer，F2R）等电子商务新业态已经极大地冲击了传统流通企业的生存空间，这些新业态的产生和发展均得益于互联网、大数据、云计算、区块链等新技术的普及和应用。

---

① 荆林波．信息技术产业发展与实现普遍接入到普遍服务的飞跃［J］．管理世界，2003（6）：74－80.

② 胡春燕．基于信息技术革命的新业态和新模式演化机理及效应［J］．上海经济研究，2013（8）：124－130.

业态创新的演化路径基于四个已经成熟的理论，分别是零售转轮理论、手风琴理论、辩证进化理论、自然选择理论。零售转轮理论由马尔克姆·麦克内尔（Malcolm P. McNair）最早提出，他认为任何一种业态组织形式在其产生阶段均以突破性创新为开端，然后在运行过程中不断完善和改进，最终会逐渐失去原有的竞争力而被更新的业态所取代，其业态演化历程主要包括导入阶段、成熟阶段和衰落阶段三个阶段。手风琴理论，又被称为“综合—专业—综合”理论，由斯坦利·霍兰德（Stanley C. Hollander）结合业态创新的路径和手风琴的原理而提出。他认为，业态创新的路径类似于手风琴的操作原理，零售业态会经历从综合性商店向专业化商店转变，然后再由专业化商店向综合性商店转变的循环往复的交替历程，每一次交替都会伴随着管理水平、运行效率等的提升。托马斯·马罗尼克和布鲁斯·沃克（Thomas J. Maronick & Bruce J. Walker）把著名哲学家黑格尔（G. W. F. Hegel）的辩证法应用到业态创新的路径解释中提出了辩证进化理论。他们认为，业态创新的本质是现有的业态在与市场上的其他业态展开竞争的过程中，不断改进和完善自身，不断否定自身不合理的部分，在对自我否定的过程中完成“否定之否定”的升华过程，实现自身业态的涅槃创新。自然选择理论将各种业态组织看作为市场上的经济物种，它们面对着自然环境、技术水平、消费者需求、思维方式、竞争者策略等不断变化的市场环境，它们如同自然界中的物种一样面临适者生存、不适者被淘汰的物竞天择的自然法则，企业必须根据环境的变化调整自身的业态组织形式，否则将因为失去市场竞争力而被淘汰。

在技术革命的推动下，借助于互联网、大数据、云计算、区块链、人工智能等新技术的普及和应用，流通业态的创新方向主要体现在以下几个方面：一是，现有的传统流通业态可以通过与新技术的有机结合实现自身运行的自动化和智能化，改善自身运行的效率和服务品质，实现自身原有的业态的创新升级。二是，打通互联网线上与线下之间的阻隔，加速线上的虚拟流通业态与线下实体业态的融合发展，在业态融合发展中实现新的业态创新。三是，流通企业扩展自身的服务范围，转变原有单纯的交换职能，向供应链的上下游进行延伸，将自身重新定位为智慧型方案制造商、平台型采购代理商、供应型虚拟生产商、虚拟型物流集成商等新角色，基于新角色实现自身的业态创新。四是，以满足消费者的个性化和多元化需求为出发点，把能够为消费者提供更多品类和更优质的服务作为目标，深度挖掘现有市场运行体系下未能够得到有效解决的消费者痛点，从弥补市场现有消费者痛点、为消费者服务的共赢角度进行相应的业态创新。

第 5 章　流通业产业关联与波及效应的演化分析

本章承袭前面章节对流通业集约化的理论分析以及技术革命对于流通业集约化的影响，并结合流通业自身特点，对流通业产业关联和波及效应的演化过程进行分析，为后面章节流通业集约化的测度和分析提供基础支撑。本章主要是采用投入产出法，通过计算流通业的中间需求率、中间投入率、感应度系数、影响力系数等指标分析流通业的前向联系和后向联系，进而探究流通业的产业关联和波及效应。

5.1　引言及相关文献综述

伴随社会经济的发展和专业化分工的不断深化，流通业在经济发展中的衔接和黏合作用日益突出，理论界先后提出流通先导产业论、流通基础产业论、流通战略产业论。特别是在中国经济发展已经进入了由增速放缓、结构调整、动力转换共同推进的新常态阶段，越来越鲜明地呈现出换挡期、阵痛期和消化期“三期叠加”的阶段性特征，急需新动能带动新经济的经济新常态背景下，中国经济面临产业结构调整，传统产业发展方式亟待转型升级，而流通业作为完整经济体系的中间环节，其与其他产业的关联性高，且与居民消费联系紧密，对产业结构调整和传统产业发展方式的转型升级都起到不可忽视的重要作用。同时，在全球贸易活动日益频繁的背景下，一国流通业的发展水平直接决定其国际竞争力。新常态下流通业的增长速度、需求结构、市场空间等都发生了显著变化，科学合理地定量分析流通业的产业关联效应，并对其产业关联效应的演变趋势进行系统分析显得尤为突出。

近年来，随着对流通业关联问题研究的不断深入，相关研究已经由早期的定性研究为主转变为以应用投入产出法等实证方法为主导的定量分析。克莱密斯（Clemes，2002）等通过实证研究发现，流通业能够通过提高生产率和资源配置效率促进经济增长。贝当古（Betancourt，2001）等通过采用面板数据分析方法发现，流通业与经济增长之间呈现出一种“倒 U 型”关系，在经济发展初期，流通业在 GDP 中的比重随经济发展不断上升，达到一定阶段以后呈现出相反的趋势。奥尔德森（Alderson，2006）认为，流通业效率的提升有助于资源的优化配置，相同投入下可以获得更大的产出，提高了社会报酬。石明明和张小军（2009）通过灰色关联法对流通业与其他产业的关联效应进行分析得出，在我国流通产业起步阶段，国民经济三次产业对流通产业的成长发挥了强大的推动作用，随着国民经济的发展和外部条件的变化，流通产业逐渐具备了相对独立性，并走向成熟，这一发展路径可以刻画为“第一产业推动阶段—第二产业推动阶段—第三产业推动阶段—相对独立发展阶段”，2001 年以前，流通业的发展由其他产业推动，2001 年以后，流通业与其他产业进入相对独立发展的新阶段。赵霞（2012）在研究流通业与制造业的产业关联时指出，流通业对制造业的后向拉动作用和前向支撑作用均呈现出增强趋势，且前者明显强于后者。王笑宇和廖斌（2014）从对流通业的基础性和先导性再认识视角出发，采用投入产出法对其属性和特征进行了定量刻画，他们认为流通业的基础性和先导性特征表现得较为明显。余典范和张亚军（2015）通过投入产出法对服务业与制造业的产业关联进行实证测算后得出，服务业的溢出效应要强于制造业，但服务业中的流通业的溢出效应相对还比较弱。孙金秀和孙敬水（2015）通过构建流通业与制造业之间的协同性评价指标体系阐述两者之间的协同机制，并指出两者之间的良性协同发展需要政府、企业等多方面共同努力。赵霞（2014）通过投入产出法分析了流通业对经济增长的贡献，结果表明，流通业对第一产业增长贡献最大，对第二产业的增长贡献最小。李杨超、祝合良（2016）根据 2010 年投入产出表从流通业的分配结构、投入结构、中间需求、附加值等角度对流通业的产业关联和产业波及效应进行了分析，指出流通业对国民经济具有较强的带动作用，但是影响力还处于较低水平。王晓东、周旭东（2016）采用主成分分析法对我国流通业增长的影响因素进行了实证测算，结果表明，流通业增长最重要的影响因素是需求因素，扩大内需可以有效提升流通业的增长水平，但是制度因素对流通业增长的作用不明显，因此，在选择刺激内需的政策时要充分考虑各方面的影响因素。尽管目前已有较多的文献定量研究流通业的产业关联和波及效应，但还没有文献系统阐述流通业的产业关联与波及效应的演变趋势。

本书在对流通业相关概念进行明确界定的前提下，以国家统计局发布的历年中国投入产出表为数据基础，以流通业的产业关联和产业波及为切入点，首先对最新的2012年流通业的产业关联及波及效应进行深入分析，在此基础上将其与历年的相应指标进行对比，探究流通业的产业关联及波及效应的演变趋势，为中国流通业发展和产业结构调整提供决策支持。

5.2　投入产出法与数据说明

5.2.1　投入产出法

美国经济学家华西里·列昂惕夫（Wassily Leontief）最早在研究经济体系中各个产业部门相互之间的投入产出关系中创造性地提出了投入产出法。投入产出法将经济学中的一般均衡理论作为理论基础，用矩阵表的形式来描述整个经济体系中各个产业部门之间所存在的相互依存关系，其中蕴含了经济体系中各个产业部门间的供求、投入产出等关系。通过投入产出法对投入产出表中的数据进行相应的测算，能够揭示出经济体系中各个产业部门之间所存在的产业关联和波及效应。本书选取如下指标对我国流通业的产业关联与波及效应进行分析。

中间需求率是指国民经济体系中的某一个产业部门为其他产业部门所提供的中间需求与该产业部门为整个国民经济体系提供的总需求的比值，用公式表示为：

$$D_i = \frac{\sum_{j=1}^{n} x_{ij}}{\sum_{j=1}^{n} x_{ij} + Y_i}(i = 1, 2, 3, \cdots, n) \qquad (5-1)$$

其中，$\sum_{j=1}^{n} x_{ij}$ 表示 i 产业为国民经济中其他产业提供的中间需求，Y_i 表示 i 产业为整个国民经济提供的最终需求。中间需求率和最终需求率两个数值存在着一一对应关系，且两者之和为 1。也就是说，如果一个产业的中间需求率越高，其最终需求率将会越低，其中间产品属性（原材料属性）将会越强。反之，其中间产品属性将越弱。一个产业的中间属性越强意味着该产业更倾向于生产性行业，反之则更倾向于消费性行业。

中间投入率是指某一产业的中间投入在其总投入中所占的比重，用公式表示为：

$$S_j = \frac{\sum_{i=1}^{n} x_{ij}}{\sum_{i=1}^{n} x_{ij} + N_i}(j = 1, 2, 3, \cdots, n) \tag{5-2}$$

其中，$\sum_{i=1}^{n} x_{ij}$ 表示 j 产业的中间投入，N_i 表示 j 产业的增加值。与中间需求率与最终需求率的关系相类似，中间投入与增加值共同构成总投入，中间投入率与增加值率的和恒定为 1。某一产业的中间投入率高，增加值率就低，其生产对其他产业的带动作用强，因此可将此类产业定义为强带动作用、低附加值产业。反之，某一产业的中间投入率低，增加值率就高，其生产对其他产业的带动作用弱，将此类产业定义为弱带动作用、高附加值产业。

后向联系，是指国民经济中某一产业部门与向其提供原材料、劳务、动力等生产资料的产业部门之间的相互联系，在整个生产资料传输的供应链中，该产业部门位于供应链后端，因此称这种联系为后向联系，其主要反映某一产业部门对整个国民经济的拉动作用，通常使用的衡量指标为影响力系数。影响力系数的计算公式为：

$$T_j = \frac{\frac{1}{n}\sum_{i=1}^{n} A_{ij}}{\frac{1}{n^2}\sum_{i=1}^{n}\sum_{j=1}^{n} A_{ij}}(j = 1, 2, 3, \cdots, n) \tag{5-3}$$

其中，分母部分为整个国民经济中所有产业部门的平均影响力，分子部分为 j 产业部门的影响力。在国民经济体系中，某一产业部门的影响力系数越大，表明该部门对其他产业部门的拉动作用越大。影响力系数大于1，表明其对国民经济的拉动作用大于国民经济中各产业部门的平均拉动水平，反之则表示其对国民经济的拉动作用小于国民经济中各产业部门的平均拉动水平。

前向联系，是指国民经济中某一产业部门与使用其生产产品的产业部门之间的相互联系。在整个产品传输的供应链中，该产业部门位于供应链前段，因此称这种联系为前向联系，其主要反映某一产业部门对整个国民经济的推动作用，通常使用的衡量指标为感应度系数。感应度系数的计算公式为：

$$S_i = \frac{\frac{1}{n}\sum_{j=1}^{n} A_{ij}}{\frac{1}{n^2}\sum_{i=1}^{n}\sum_{j=1}^{n} A_{ij}} (i = 1, 2, 3, \cdots, n) \qquad (5-4)$$

其中，分母部分为整个国民经济中所有产业部门的平均感应度，分子部分为j产业部门的感应度。某一产业部门的感应度系数越大，表明国民经济中各产业部门生产对该部门需求感应越强，该部门对国民经济中其他产业部门的推动作用越大。感应度系数大于1，表明其对国民经济的推动作用大于国民经济中各产业部门的平均推动水平，反之则表示其对国民经济的推动作用小于国民经济中各产业部门的平均推动水平。

5.2.2 数据说明

截止到现在，国家统计局已经正式发布了六部投入产出表，其中历年投入产出表中的行业分类日益完善且更能反映目前的经济运行情况，因此本书采用投入产出表来具体分析流通业的产业关联与波及效应。由于学术界对流通业概念和范围的界定一直存在分歧，为此有必要先对相关产业的行业界定做出合理的定义和划分。

流通业这一概念已盛传多年，但学术界一直持有不同的观点，有广义流通业和狭义流通业之分。广义流通业认同者认为，流通业是指与社会总资金运动有关的领域。如我国已故著名流通问题专家林文益教授（1995）认为，流通业是指在整个流通领域中所包含的所有的产业部门，主要有商业、仓储业、物资贸易业、邮电通信业、金融业和保险业等。狭义流通业认同者认为，流通业是指仅仅包括与商品和服务运动直接有关的领域。根据流通业的内涵及其在国民经济中的作用，狭义流通业的范围界定相对更合理，这也得到了理论界大多数学者的认可。因此，本书所指的流通业是指内贸流通业，包括专门从事商品流通的商业（批发业和零售业）和为商品流通提供服务的物流业（交通运输、仓储和邮政业）两大行业。文中未注明年份的数据均来源于对2012年中国投入产出表的计算得出。

5.3 流通业的产业关联分析

5.3.1 流通业的中间需求分析

根据最新的2012年中国投入产出表计算得出的国民经济42个行业的中间需求率见表5-1。从表5-1中可以得到，批发和零售业的中间需求率为0.58683，交通运输、仓储和邮政业的中间需求率为0.78873，42个行业部门的中间需求率均值为0.71277。流通业各组成部门的中间需求率均高于0.5，表明流通业的中间产品属性较强，其最终消费产品属性较弱。批发和零售业的中间需求率低于交通运输、仓储和邮政业的中间需求率恰好符合经济现实，毕竟批发零售业与人们的日常生活最终消费关联度更大，交通运输、仓储和邮政业更多是为服务于人们的日常生活消费的产业服务而不是直接服务于人们的日常生活消费。根据三次产业划分方法来看，第二产业的产业部门的中间需求率总体上高于第一、第三产业的中间需求率，这表示第二产业的中间产品属性更强，其更多服务于生产而与日常生活消费关联性较弱。而第三产业的中间产品属性较弱，其对生产的服务性较弱，与日常生活消费关联性较强。作为流通业组成部分的批发零售业、交通运输、仓储和邮政业，虽然其中间需求率大于最终需求率，但其差值并不像第二产业那样大，仍然具有比较强的最终消费产品属性，这表明流通业在生产和最终消费两个方面都会对国民经济产生较大的影响。

表5－1　　　　国民经济各部门的中间需求率

部门	中间需求率	部门	中间需求率
农林牧渔产品和服务	0.72969	其他制造产品	0.64249
煤炭采选产品	1.06418	废品废料	1.53309
石油和天然气开采产品	2.12314	金属制品、机械和设备修理服务	1.02210
金属矿采选产品	1.66317	电力、热力的生产和供应	0.94173
非金属矿和其他矿采选产品	1.05640	燃气生产和供应	0.53331
食品和烟草	0.54854	水的生产和供应	0.56753
纺织品	0.84153	建筑	0.06248
纺织服装鞋帽皮革羽绒及其制品	0.31538	批发和零售	0.58683
木材加工品和家具	0.68136	交通运输、仓储和邮政	0.78873
造纸印刷和文教体育用品	0.76696	住宿和餐饮	0.52132
石油、炼焦产品和核燃料加工品	0.97479	信息传输、软件和信息技术服务	0.44117
化学产品	0.97062	金融	0.82307
非金属矿物制品	0.95400	房地产	0.28112
金属冶炼和压延加工品	1.04533	租赁和商务服务	0.89654
金属制品	0.78727	科学研究和技术服务	0.68321
通用设备	0.62398	水利、环境和公共设施管理	0.25298
专用设备	0.35157	居民服务、修理和其他服务	0.49870
交通运输设备	0.47095	教育	0.06322
电气机械和器材	0.62027	卫生和社会工作	0.02197
通信设备、计算机和其他电子设备	0.74906	文化、体育和娱乐	0.44549
仪器仪表	0.95426	公共管理、社会保障和社会组织	0.03680
总值	29.93636	均值	0.71277

资料来源：根据《2012年中国投入产出表》相关数据计算得出。

5.3.2　流通业的中间投入分析

根据最新的2012年中国投入产出表计算得出的国民经济42个行业的中间投入率见表5－2。从表5－2中可以得到，批发和零售业的中间投入率为0.30939，交通运输、仓储和邮政业的中间投入率为0.62989，42个行业部门的中间投入率均值为0.63366。按照李晓慧（2015）的定义，将0.5作为临界值，如果某一产业部门的中间投入率大于0.5，即为强带动作用、低附加值产业。如果其中间投入率小于0.5，即为弱带动作用、高附加值产业。按照李晓慧的定义，批发和零售业属于弱带动作用、高附加值产业，交通运输、仓储和邮政业属于强带动作用、低附加值产业。批发和零售业之所以是弱带动作用、高附加值产业，是因其在商品的每一流转环节均会有附加值产生，且一般情况下增加的附加值较高，很容易找到商品销售价格高于商品生产价格几十倍甚至于上百倍的商品。而交通运输、仓储和邮政业在商品的中间流转环节中更多承担单纯的商品转运、储存的功能，对商品价值的增值有限，因此其表现出强带动作用、低附加值产业特征。如果从中间投入率均值作为参照比较，批发和零售业，交通运输、仓储和邮政业的中间投入率均低于均值，其附加值率高于均值，从流通业总体来看，在国民经济产业部门中，流通业属于弱带动作用、高附加值产业。从三大产业总体来看，第二产业的中间投入率明显高于第一、第三产业的中间投入率，这表明第二产业附加值率低，其对国民经济其他产业部门的带动作用强、关联度高，中国第二产业的发展目前仍然处于粗放型发展阶段。第三产业总体附加值率高于第二产业，其中生产性服务业的附加值率低于生活性服务业附加值率，生产性服务业与第二产业联系密切，在产业属性上与第二产业关联度较高，生活性服务业与其他产业的关联度较低，与最终消费密切相关，呈现出高附加值特征。

表5-2　　国民经济各部门的中间投入率

部门	中间投入率	部门	中间投入率
农林牧渔产品和服务	0.41447	其他制造产品	0.79268
煤炭采选产品	0.50706	废品废料	0.22661
石油和天然气开采产品	0.38907	金属制品、机械和设备修理服务	0.79169
金属矿采选产品	0.61031	电力、热力的生产和供应	0.74218
非金属矿和其他矿采选产品	0.55836	燃气生产和供应	0.78333
食品和烟草	0.76467	水的生产和供应	0.54063
纺织品	0.81050	建筑	0.73448

续表

部门	中间投入率	部门	中间投入率
纺织服装鞋帽皮革羽绒及其制品	0.78630	批发和零售	0.30939
木材加工品和家具	0.77301	交通运输、仓储和邮政	0.62989
造纸印刷和文教体育用品	0.76209	住宿和餐饮	0.59130
石油、炼焦产品和核燃料加工品	0.81402	信息传输、软件和信息技术服务	0.52962
化学产品	0.80829	金融	0.40374
非金属矿物制品	0.74737	房地产	0.25437
金属冶炼和压延加工品	0.81975	租赁和商务服务	0.67402
金属制品	0.80175	科学研究和技术服务	0.63197
通用设备	0.78843	水利、环境和公共设施管理	0.58537
专用设备	0.78465	居民服务、修理和其他服务	0.48120
交通运输设备	0.80114	教育	0.26592
电气机械和器材	0.83357	卫生和社会工作	0.56790
通信设备、计算机和其他电子设备	0.82974	文化、体育和娱乐	0.49604
仪器仪表	0.77429	公共管理、社会保障和社会组织	0.40242
总值	26.61359	均值	0.63366

资料来源：根据《2012年中国投入产出表》相关数据计算得出。

5.3.3　流通业的中间需求演变趋势

在对2012年流通业的中间需求进行分析的基础上，结合历年流通业的中间需求，对其进行比较研究，剖析流通业在近几十年中的演变趋势。在1997年、2002年、2007年中国投入产出表42个经济部门的基本流量表中，交通运输及仓储业与邮政业是分开统计的，1990年、1992年、2012年出于两个行业特征相近性的考虑，在42个经济部门的基本流量表中将其合并为一个经济部门。为保持投入产出表中数据结构的一致性，在对1997年、2002年、2007年流通业相关行业进行中间需求率与中间投入率计算时采用原表中的行业划分方式。

由表5-3可以看出，流通业中的批发和零售业，交通运输、仓储和邮政业的中间需求率总体上均呈现出逐渐下降的趋势，这表明中间产品属性逐渐减弱，最终消费属性逐渐增强，最终消费属性的不断增强反映出流通业产业链去中间化过程的不断优化，效率得到提升。2012 年流通业中各行业中间需求率表现出与总体趋势相反的上升趋势，根据 2012 年投入产出表中交通运输、仓储和邮政业的部门总产出可以得出，邮政业总产出在交通运输、仓储和邮政业总产出中所占比值为 0.03571。再结合 2012 年交通运输、仓储和邮政业的中间需求率可以得出，交通运输、仓储和邮政业的中间需求率总体上平稳增长，其中间产品属性平稳增强，最终消费属性逐渐减弱。出现这种反常现象的原因是在批发和零售业去中间化过程中出现的再中间化。随着互联网技术在流通业中的大规模应用，涌现出来的流通新业态催生出流通业的产业结构调整，特别是流通业产业结构的再中间化过程。

表 5－3　　流通业的中间需求率

<table>
<tr><th>部门</th><th>1990 年</th><th>1992 年</th><th>1997 年</th><th>2002 年</th><th>2007 年</th><th>2012 年</th></tr>
<tr><td>批发和零售业</td><td>0.78737</td><td>0.75455</td><td>0.66068</td><td>0.62757</td><td>0.51031</td><td>0.58683</td></tr>
<tr><td>交通运输、仓储业</td><td rowspan="2">0.69570</td><td rowspan="2">0.86140</td><td>0.84999</td><td>0.75251</td><td>0.77208</td><td rowspan="2">0.78873</td></tr>
<tr><td>邮政业</td><td>0.80352</td><td>0.61349</td><td>0.88424</td></tr>
</table>

资料来源：根据历年中国投入产出表相关数据计算得出。

5.3.4　流通业的中间投入演变趋势

由表 5－4 可以发现，批发和零售业的中间投入率变化趋势相较于其中间需求率的趋势性更强，从 1990 年到 2012 年，其呈现出逐渐递减的趋势，与之相对，其增加值率呈现出逐渐递增的趋势。这说明，批发和零售业自身产品附加值不断增加，其对国民经济其他部门的带动作用相对减弱。交通运输、仓储业的中间投入率在 1990～2007 年呈现出较为平稳的增长趋势。对 2012 年交通运输、仓储和邮政业中间投入率变化趋势的分析与其中间需求率的处理方式相同。从交通运输、仓储和邮政业总体来看，其中间投入率不断增加，且增幅逐渐扩大，增加值率不断降低，对国民经济其他部门的带动作用不断增强。

表5-4 流通业的中间投入率

<table>
<tr><th>部门</th><th>1990年</th><th>1992年</th><th>1997年</th><th>2002年</th><th>2007年</th><th>2012年</th></tr>
<tr><td>批发和零售业</td><td>0.55174</td><td>0.53333</td><td>0.48999</td><td>0.45860</td><td>0.39886</td><td>0.30939</td></tr>
<tr><td>交通运输、仓储业</td><td rowspan="2">0.40202</td><td rowspan="2">0.43454</td><td>0.43431</td><td>0.51604</td><td>0.53866</td><td rowspan="2">0.62989</td></tr>
<tr><td>邮政业</td><td>0.42532</td><td>0.60048</td><td>0.50950</td></tr>
</table>

资料来源：根据历年中国投入产出表相关数据计算得出。

对比流通业中各经济部门中间需求率和中间投入率的变化趋势可以发现，批发和零售业两项数据均呈现出递减趋势，交通运输、仓储和邮政业均呈现出递增趋势，两个经济部门的变化趋势截然相反。之所以出现这种情况，是因为虽然两大产业部门同属于流通业，但其在流通中的功能和在整个国民经济循环体系中的地位不同。相对而言，批发和零售业与最终消费联系更密切，其处于产业链条更末端的位置，特别是随着经济发展水平的不断提高，人们的消费需求不断增长，且批发和零售业的供应链不断优化，流通效率不断提高，这都导致其中间投入率的下降；交通运输、仓储和邮政业更多承担商品流通中的中间流转功能，对产品附加值的增加有限，但与其他经济部门的联系更紧密，处于整个经济体系产业链条中至关重要的中间位置，其发展对其他经济部门的带动作用更强。

5.4 流通业的产业波及效应

5.4.1 流通业的后向联系

由表5-5可以发现，在根据2012年中国投入产出表计算出的42个部门影响力系数中，批发和零售业的影响力系数仅有0.61162，其影响力在42个部门中排在第38位。交通运输、仓储和邮政业的影响力系数为0.94889，其排名为25位，在42个部门中居于中间偏后位置，优于批发和零售业。在国民经济各部门影响力系数排名中，第二产业中的各产业部门总体上排名高于第一产业和第三产业中的产业部门。从流通业总体来看，流通业的影响力系数低于1，其对国民经济各产业部门的拉动水平低于国民经济中各产业部门的平均拉动水平。通过与各产业部门的中间投入率进行比较分析可以得出，中间投入率高、附加值率低的产业部门相对来说影响力系数较高，其生产对国民经济各产业部门的中间需求较大，进而对国民经济的拉动作用较大。相较而言，流通业属于中间投入率低、附加值率高的产业部门，与生产部门和最终消费的联系都十分紧密，这在一定程度上限制了其对国民经济的拉动作用。

表5－5　2012年国民经济各部门影响力系数

部门	影响力系数	排名	部门	影响力系数	排名
农林牧渔产品和服务	0.72476	35	其他制造产品	1.19748	11
煤炭采选产品	0.83665	31	废品废料	0.56046	41
石油和天然气开采产品	0.74415	34	金属制品、机械和设备修理服务	1.26814	5
金属矿采选产品	0.97274	23	电力、热力的生产和供应	1.07663	17
非金属矿和其他矿采选产品	0.93640	26	燃气生产和供应	0.97847	22
食品和烟草	0.98500	21	水的生产和供应	0.87418	30
纺织品	1.18206	13	建筑	1.15324	16
纺织服装鞋帽皮革羽绒及其制品	1.19225	12	批发和零售	0.61162	38
木材加工品和家具	1.15907	14	交通运输、仓储和邮政	0.94889	25
造纸印刷和文教体育用品	1.15572	15	住宿和餐饮	0.86646	29
石油、炼焦产品和核燃料加工品	1.00230	20	信息传输、软件和信息技术服务	0.88357	28
化学产品	1.21942	9	金融	0.68833	37
非金属矿物制品	1.12366	16	房地产	0.54981	42
金属冶炼和压延加工品	1.20693	10	租赁和商务服务	1.03245	18
金属制品	1.25288	8	科学研究和技术服务	1.01091	19
通用设备	1.26829	4	水利、环境和公共设施管理	0.90507	27

续表

部门	影响力系数	排名	部门	影响力系数	排名
专用设备	1.25964	7	居民服务、修理和其他服务	0.83038	32
交通运输设备	1.28512	3	教育	0.58290	40
电气机械和器材	1.32753	2	卫生和社会工作	0.97228	24
通信设备、计算机和其他电子设备	1.37484	1	文化、体育和娱乐	0.81316	33
仪器仪表	1.26532	6	公共管理、社会保障和社会组织	0.72084	36

资料来源：根据《2012年中国投入产出表》相关数据计算得出。

5.4.2 流通业的前向联系

根据表5-6可以看出，2012年批发和零售业的感应度系数为0.79124，在42个部门中排在第27位，居于中间偏后位置。交通运输、仓储和邮政业的感应度系数为0.99296，排名为15位，居于中间偏前位置，其感应度高于批发和零售业。类似于影响力系数与中间投入率之间的关系，中间需求率高的产业部门感应度系数较高。一个产业部门生产的产品用于国民经济中其他经济部门生产的比例越高，其中间需求率越高，该产业部门对国民经济表现出更强的推动作用。与影响力系数相比，虽然第二产业中各产业部门的感应度系数从总体上看仍然要高于第一、第三产业中各产业部门，但由于第二产业中一些制造业体现出较强的最终消费属性，因此，这种总体优势有相对弱化趋势。从流通业总体来看，流通业中各产业部门的感应度均低于1，其对国民经济各产业部门的推动作用低于国民经济中各产业部门的平均推动作用。流通业处于生产与消费的中间环节，所生产产品一部分流入其他经济部门的生产领域，一部分流入最终消费环节，流入生产领域的产品对国民经济起到推动作用，流入最终消费环节的产品对国民经济起到的作用并非推动作用，因此流通业对国民经济的推动作用相对较小。当然，这并不意味着流入最终消费环节的产品对国民经济不起作用，国民经济健康稳定运行需要最终消费环节的健康发展来保证。

表 5－6　　2012 年国民经济各部门感应度系数

部门	感应度系数	排名	部门	感应度系数	排名
农林牧渔产品和服务	0.89967	19	其他制造产品	0.87006	20
煤炭采选产品	1.71955	4	废品废料	2.11053	3
石油和天然气开采产品	3.16542	1	金属制品、机械和设备修理服务	1.39459	7
金属矿采选产品	2.49548	2	电力、热力的生产和供应	1.43685	6
非金属矿和其他矿采选产品	1.67947	5	燃气生产和供应	0.79177	26
食品和烟草	0.73996	29	水的生产和供应	0.79517	24
纺织品	0.97038	17	建筑	0.33358	40
纺织服装鞋帽皮革羽绒及其制品	0.50319	38	批发和零售	0.79124	27
木材加工品和家具	0.77996	28	交通运输、仓储和邮政	0.99296	15
造纸印刷和文教体育用品	0.98510	16	住宿和餐饮	0.73343	30
石油、炼焦产品和核燃料加工品	1.38516	8	信息传输、软件和信息技术服务	0.60178	35
化学产品	1.27003	10	金融	1.04253	13
非金属矿物制品	0.83195	22	房地产	0.52468	37
金属冶炼和压延加工品	1.22108	11	租赁和商务服务	1.10073	12
金属制品	0.92469	18	科学研究和技术服务	0.82479	23
通用设备	0.84768	21	水利、环境和公共设施管理	0.54878	36
专用设备	0.62289	34	居民服务、修理和其他服务	0.69601	31
交通运输设备	0.63690	33	教育	0.33747	39
电气机械和器材	0.79475	25	卫生和社会工作	0.31070	42
通信设备、计算机和其他电子设备	0.99908	14	文化、体育和娱乐	0.65716	32
仪器仪表	1.30700	9	公共管理、社会保障和社会组织	0.32581	41

资料来源：根据《2012 年中国投入产出表》相关数据计算得出。

5.4.3 流通业的后向联系演变趋势

由表 5 -7 可以发现，批发和零售业的影响力系数从 1990 年到 1997 年呈现出递增趋势，从 1997 年到 2012 年呈现出递减趋势，且下降幅度较为稳定，一直维持在略高于 15% 的水平，这通过中国的实际数据佐证了安德森（Anderson）所提出的流通业与经济增长之间呈现出“倒 U 型”关系的观点。由于 2012 年邮政业总产出在交通运输、仓储和邮政业总产出中所占比值为 0.03571，经过加权计算，从 2007 年到 2012 年，交通运输、仓储和邮政业的影响力系数上升 7%，也就是说，从 1990 年到 2012 年，交通运输、仓储和邮政业的影响力系数总体上呈现出一直增长的态势。通过流通业各行业影响力系数的变化趋势可以发现，两者与经济增长之间的关系是非同步的，批发和零售业在 1997 年就达到了安德森所提出的拐点，而交通运输、仓储和邮政业的拐点直到 2012 年依然没有形成，两者之间至少存在 15 年以上的时间差。从流通业总体来看，除 2002 年邮政业影响力系数大于 1 之外，其他情况下流通业各部门的影响力系数均小于 1，流通业对国民经济的拉动作用一直处于低于国民经济各部门平均拉动水平。批发和零售业对国民经济的拉动作用一直减弱，这反映出其与国民经济中的其他经济部门的后向联系不断减弱，也从侧面反映出批发和零售业自身产品的附加值率不断增强，这符合居民消费品不断升级的客观事实。交通运输、仓储和邮政业与国民经济各部门的后向联系均低于国民经济各部门的平均水平，流通业各行业影响力系数的分化态势与其自身行业特点和新技术应用下市场结构的改变密切相关。

表 5 -7　　流通业的影响力系数

<table>
<tr><th>部门</th><th>1990 年</th><th>1992 年</th><th>1997 年</th><th>2002 年</th><th>2007 年</th><th>2012 年</th></tr>
<tr><td>批发和零售业</td><td>0.839476</td><td>0.869862</td><td>0.884108</td><td>0.85455</td><td>0.72100</td><td>0.61162</td></tr>
<tr><td>交通运输、仓储业</td><td rowspan="2">0.817391</td><td rowspan="2">0.811997</td><td>0.831571</td><td>0.91743</td><td>0.88437</td><td rowspan="2">0.94889</td></tr>
<tr><td>邮政业</td><td>0.861454</td><td>1.02617</td><td>0.85553</td></tr>
</table>

资料来源：根据历年中国投入产出表相关数据计算得出。

5.4.4 流通业的前向联系演变趋势

从表5－8中可以看到，除批发和零售业1990年的数据由于当时客观存在的经济体制改革中出现的价格双轨制和价格闯关等时代原因导致的异常，无论是批发和零售业，还是交通运输、仓储和邮政业，流通业总体的感应度系数呈现出稳步下降趋势，且下降幅度逐渐减小。这表明流通业与使用其所生产产品的行业之间的联系相对减少，流通业的最终消费属性得到不断强化。流通业的感应度系数不断降低主要有两方面的原因：一是伴随经济发展，社会生产能力和人民生活水平同步提高，消费需求不断增强，商品市场逐渐从卖方市场过渡到买方市场，流通业的主要服务部门从生产部门逐渐向消费部门转移。二是近十几年来，互联网经济的兴起变革了原有的经济结构，扩大了经济的时空外延，带动了与互联网经济相关的各行业的发展，特别是互联网经济对流通业产业链的再造使得流通业与其他行业之间的关系发生了根本性变革。以交通运输、仓储和邮政业为例，互联网经济催生出来的网络购物、外卖等新业态使得市场对相关行业的需求不断增长，而快递、物流等交通运输、仓储和邮政业中的所属行业的服务对象也越来越倾向于产业链末端的消费者，进而使得其推动作用不断减弱。

表5－8 流通业的感应度系数

<table>
<tr><th>部门</th><th>1990年</th><th>1992年</th><th>1997年</th><th>2002年</th><th>2007年</th><th>2012年</th></tr>
<tr><td>批发和零售业</td><td>1.274695</td><td>2.505935</td><td>1.779726</td><td>1.07549</td><td>0.85740</td><td>0.79124</td></tr>
<tr><td>交通运输、仓储业</td><td rowspan="2">1.229046</td><td rowspan="2">1.199099</td><td>1.092183</td><td>1.17903</td><td>1.06089</td><td rowspan="2">0.99296</td></tr>
<tr><td>邮政业</td><td>0.682618</td><td>0.87740</td><td>1.00678</td></tr>
</table>

资料来源：根据历年中国投入产出表相关数据计算得出。

5.5 结论及政策建议

本章以历年中国投入产出表为数据来源，从中间需求、中间投入、前向关联和后向关联等方面对流通业的产业关联与波及效应进行分析，通过对相关指标变动趋势的探究，得出以下结论。

从产业关联视角看，流通业在中间需求结构方面呈现出中间产品属性逐渐减弱、最终消费产品属性逐渐增强的趋势，但中间产品属性一直高于最终消费属性。在中间投入结构方面的演变趋势呈现出行业分化的态势，批发和零售业的中间投入率逐渐递减，交通运输、仓储和邮政业逐渐递增。流通业的中间需求结构表明流通业的主要服务对象依然是生产部门，但存在着明显的从生产部门向最终消费部门转移的趋势。批发和零售业的中间投入率逐渐递减，意味着其附加值逐渐递增，这与其中间需求结构的变化趋势存在着内在逻辑上的一致性，即服务于消费部门的比重越高，其附加属性越强，附加值越高。交通运输、仓储和邮政业之所以在中间投入结构上表现出与批发和零售业截然相反的趋势，主要是因为它们的特点存在较大的差异。交通运输、仓储和邮政业更多承担商品流通中的中间流转功能，其对产品附加值的增加有限，但其与其他经济部门的联系更紧密。

从产业波及视角看，流通业对国民经济中其他业部门的拉动作用和推动作用均低于国民经济各产业部门的平均水平，这表明流通业对其他产业的前向波及效应和后向波及效应均较低。从流通业的产业波及效应的演变趋势看，批发和零售业的拉动作用和推动作用均呈现出先增强，再减弱趋势，这与安德森所提出的流通业与经济增长之间呈现出“倒U型”关系的观点相一致。而交通运输、仓储和邮政业呈现出拉动作用不断增强、推动作用不断减弱的趋势。流通业内的这些部门呈现出不同的演变趋势，主要是因为以下几点：一是尽管其同属流通业范畴，但各自侧重点不同，批发和零售业更倾向于最终需求，交通运输、仓储和邮政业在产业链中更多承担衔接流转职能。二是随着经济社会的发展，各种新技术不断得到应用和大范围推广，同时催生出各种新业态，变革了原有的经济结构，导致它们因自身功能和定位的差异所受波及程度不同而呈现出迥异的演变趋势。三是中国过去三十年一直处于基础设施不断完善的高速发展阶段，且区域发展不均衡问题长期存在，互联网经济的出现扩大了时空外延，且其发展严重依赖交通运输、仓储和邮政业，形成了新的增长点。

综上所述，流通业与国民经济其他产业之间虽然具有一定的产业关联和产业波及效应，但存在较为明显的结构性失衡问题，特别是在中国经济新常态急需发展新动能的新阶段，流通业理应在整个国民经济体系中发挥更大的作用。为促进中国经济结构调整和产业结构转型升级，适应不断变革和创新的新技术、新业态迸发出的新需求，释放流通业发展潜力，进而带动整个国民经济良性健康发展，对流通业发展提出如下政策建议：

第一，借助大数据、物联网等新技术，创新流通新业态，优化流通结构，提高流通效率。大数据、物联网等新技术为流通业的精准化、集约化提供了技术支撑，使流通业在现有资源约束下可以实现更高效的运转。同时，技术革新也对流通业发展提出了新要求，它要求流通业不断优化结构，淘汰低效的落后流通业态，创造与新技术相匹配的流通新业态。

第二，加强对消费者需求的精准深度挖掘能力，促进流通业对最终消费需求带动作用的提升。流通业与最终需求紧密联系在一起，流通业对最终需求的拉动直接关系到需求对整个经济体系的拉动，进而影响整个国民经济体系的运行和调整。流通业应该通过对消费者需求的深度挖掘来准确把握需求侧，根据需求侧所释放出的市场信息来进行供给侧的优化改革，实现需求端与供给端的精准对接。

第三，深化流通业与制造业、服务业等相关行业的联系，顺应产业融合和跨界趋势，强化流通业的产业关联和产业波及效应。为更好地发挥流通业在国民经济体系中的基础性和先导性，流通业可以采用向上、下游跨界发展或与上、下游其他行业深度合作的方式形成流通业与其他行业的跨界即时联动机制，借以增强应对市场需求变化的能力，同时可以减少库存，加快周转速度，节约社会资源，使流通业与其他行业达到共赢，最终带动整个国民经济体系的健康高效发展。

第6章　中国流通业集约化水平的测度及其影响因素分析

本章以第3章中流通业集约化的理论框架作为理论指导，以第4章中科技革命对流通业集约化的革新和再造作为现实背景支撑，以第5章中流通业的产业关联和波及效应的演化分析作为实证测算基础，选择中国流通业的具体统计数据测算中国流通业的集约化水平，并在此基础上对影响中国流通业集约化的因素进行实证分析。本章主要由两部分构成：一是根据前述定义的流通业集约度的计算公式，采用基于DEA的Malmquist指数方法计算出中国流通业省际层面的全要素生产率，结合流通业集约度的定义和测算公式对中国流通业的集约化水平进行测度。二是采用系统GMM动态面板分析方法，以中国流通业省际集约度作为因变量，将影响流通业集约度的指标作为自变量，实证检验中国流通业集约化水平在省际层面呈现差异化的影响因素，并结合前述章节数理分析对实证结果进行深入剖析。

6.1　中国流通业集约化水平的测度

在前述分析中将流通业的集约度定义为流通业集约化水平的衡量指标。集约度是一个经济体或行业集约化程度的衡量指标，它与经济体或行业的增长方式紧密相关，集约度的高低直接反映出一个经济体或行业的增长方式是粗放式增长还是集约化增长。集约度θ的表达式为：

$$\theta = \frac{(A_t - A_{t-1})/A_{t-1}}{(Y_t - Y_{t-1})/Y_{t-1}} \tag{6-1}$$

其中，A_t为当年流通业的全要素生产率，A_{t-1}为上一年流通业的全要素生产率，Y_t 为当年流通业增加值，Y_{t-1} 为上一年流通业增加值。流通业的集约度是流通业全要素生产率变化对流通业增加值变化的相对贡献水平，它取决于流通业全要素生产率和增加值两个指标，其中流通业的增加值可以通过中国统计年鉴中的相关数据进行简单计算获得。也就是说，计算中国流通业的集约化水平首先是对中国流通业的全要素生产率进行测算，然后再根据集约度公式得出流通业的集约度。

6.1.1 流通业全要素生产率的测算方法

基于 DEA 的 Malmquist 指数分析方法是目前学术界普遍采用的测算全要素生产率的分析方法。Malmquist 指数是由斯滕·麦尔奎斯特（Sten Malmquist）于 1953 年最早构建起来的，并因此而被学术界以其名字命名，卡夫等人（Cave et al.，1982）、费尔等人（Fare et al.，1989）以及查恩斯等人（Charnes et al.，1994）随后在非参数分析框架下对其早期的模型框架进行了完善和发展。目前得到广泛认可并普遍采用的是由费尔、诺里斯和格罗斯科夫等人（Fare，Norris & Grosskopf et al.）于 1994 年构建的基于 DEA 的 Malmquist 指数分析方法。

1. 距离函数

距离函数是 Malmquist 指数的构建基石。根据无差异曲线中的径向移动距离，斯滕·麦尔奎斯特（1953）首先提出了距离函数的概念，谢泼德（Shephard，1970）将距离函数的思想应用到生产函数上提出基于生产函数的距离函数。距离函数的优点在于其在对多种投入、多种产出的生产技术进行描述时，并不需要对生产者进行利润最大化或者成本最小化的前提假设，这极大地扩展了距离函数的解释范围和适用领域。距离函数是用来刻画生产曲线与最优生产前沿面之间的距离的函数，根据在分析问题时对产出和投入的侧重可以将其区分为产出距离函数和投入距离函数这两种不同的距离函数。产出距离函数是指在假定投入向量保持固定不变的情况下，产出向量所能达到的最大的扩张幅度，即一定量的投入所能获得的最大产出。与之相对应，投入距离函数是指在假定产出向量固定不变的条件下，投入向量能够尽其最大可能地向生产前沿面的方向靠近。

接下来给出产出距离函数的详细定义和阐述。首先，假设分别有一个 m 维的产出向量 Y 和一个 n 维的投入向量 X，而且投入向量和产出向量中所包含的所有元素都是非负的实数（包含零向量）。同时假设技术集合 S 代表包含多种投入和多种产出的生产技术，这个技术集合中所包含的组成元素是所有的用既定的投入向量 X 能够实现产出 y 的投入产出组合（x，y），用集合形式表示为：

$$S = \{(x, y): 产出\ y\ 与投入\ x\ 相对应\} \tag{6-2}$$

用产出集合 P(x) 来等价定义技术集合 S 所表示的生产技术，它是产出向量 y 和投入向量 x 共同构成的生产可能性集合，即使用不同的投入向量 x 能够生产出的所有的产出向量 y 的集合，用集合形式表示为：

$$P(x) = \{y: 产出\ y\ 与投入\ x\ 相对应\} = \{y: (x, y) \in S\} \tag{6-3}$$

产出集合 P(x) 具有以下一些性质：第一，$P(x) \ni 0$，该性质表明，相对于给定的投入而言，不生产是一种可能的选择。第二，投入为零只可能带来零产出，不可能带来正产出。第三，集合 P(x) 在产出方面具有强可处置性，即如果 $P(x) \ni y$ 且 $y \ni y_1$，那么一定能够得到 $P(x) \ni y_1$。第四，集合 P(x) 在投入方面具有强可处置性，即产出向量 y 能够由投入向量 x 生产得到，那么投入向量 x 中的任何元素都可以生产出产出向量 y。第五，产出集合 P(x) 是有界凸集和闭集合。

在对产出集合 P(x) 的定义进行明确以后，产出距离函数的集合形式可以表示为：

$$D_0(x, y) = \min\{\delta: (y/\delta) \in P(x)\} \tag{6-4}$$

从产出集合 P(x) 的性质可以推导出产出距离函数的性质：第一，对于投入向量 x，$D_0(x, y) = 0$。第二，产出距离函数 $D_0(x, y)$ 相对于 x 是非递增的，相对于 y 是非递减的。第三，产出距离函数 $D_0(x, y)$ 与 x 之间的函数关系是拟凸的，其与 y 之间的关系是凸的。第四，产出距离函数 $D_0(x, y)$ 与 y 之间的函数关系是线性的齐次函数。第五，如果产出向量 y 位于投入向量 x 的生产可能性边界上，那么 $D_0(x, y) = 1$。第六，如果产出向量 y 位于投入向量 x 的生产可能性区域内，$D_0(x, y) \leq 1$。

距离函数可以用来描述多种投入、多种产出的生产技术，接下来以一种投入、两种产出的情况进行具体说明。如图 6-1 所示，曲线 PPC-P(x) 代表投入向量 x 的生产可能性边界，曲线 PPC-P(x) 与横轴、纵轴之间的区域是投入向量 x 所能生产的两种产出（分别用 y_1 和 y_2 来表示）的各种可能的组合。在整个生产可能性区域内部的 A 点，$D_0(x, y) = OA/OB < 1$，该值是投入向量 x 实际生产能力与其可行生产能力之间的比值，可以用来表示投入向量 x 在生产两种产出时的实际技术与潜在最大可能之间的差别。对位于生产可能性边界上的点来说，它已经实现了现有技术水平下的可能的最大产出，所有的点对应的距离函数的值都是相同的单位值 1。

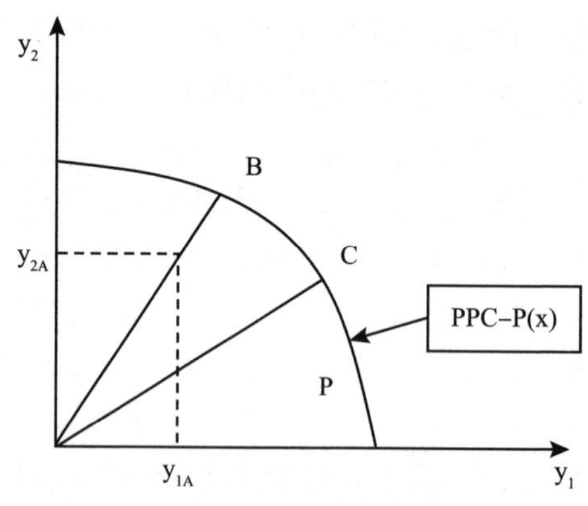

图 6－1　产出距离函数

2. Malmquist 指数

Malmquist 指数从产出的角度测度全要素生产率的变化情况。假设在每一时期（t = 1，2，…，T），由投入要素 $x^t(x^t \in R_+^N)$ 生产得到产出 $y^t(y^t \in R_+^M)$ 的生产技术 S^t 用集合形式表示为：

$$S^t = \{(x^t, y^t): x^t \text{可以生产} y^t\} \quad (6-5)$$

式中，S^t 是所有可行的投入向量和产出向量共同构成的生产可能性集合，该集合的边界是投入向量所对应的最大的产出水平的生产技术的前沿面。在多种产出的情况下，产出距离函数的最小值并非一定能够得到，在无法得到的情况下其最小值可以选择用“下确界”（infimum）来替代，用下面的函数形式来表示与生产技术前沿面相对应的产出距离函数：

$$D_0^t(x^t, y^t) = \inf\{\theta: (x^t, y^t) \in S^t\} = \{\sup[\theta: (x^t, y^t) \in S^t]\}^{-1} \quad (6-6)$$

上述公式中的最右侧表明，在产出距离函数中的投入向量 x^t 给定的情况下，产出距离函数等于产出向量 y^t 扩张的最大比例的倒数。而且，对于集合中的所有投入向量组合 x^t、y^t（$(x^t, y^t) \in S^t$），其产出距离函数 $D_0^t(x^t, y^t)$ 均小于等于1，当且仅当投入向量组合 x^t、y^t 处于生产技术前沿边界时，产出距离函数的数值等于1，表示在既定投入的条件下实现了最有效率的最大生产。作为明确定义 Malmquist 指数的基础，设定一个包含两个时期的距离函数：

$$D_0^t(x^{t+1}, y^{t+1}) = \inf\{\theta:(x^{t+1}, y^{t+1})/\theta\} \in S^t \tag{6-7}$$

通过上述距离函数集合可以表示，在 t 时期的技术水平 S^t 下，t+1 时期的投入向量 x^{t+1} 所对应的产出向量 y^{t+1} 的最大变化比例。用相同的方法可以定义 t+1 时期的技术水平 S^{t+1} 下，t 时期的投入向量 x^t 所对应的产出向量 y^t 的最大变化比例的距离函数 $D_0^{t+1}(x^t, y^t)$。

在明确定义了包含两个时期的距离函数的情况下，用如下函数形式来表示 t 时期的技术水平 S^t 下的 Malmquist 指数：

$$M_0 = \frac{D_0^t(x^{t+1}, y^{t+1})}{D_0^t(x^t, y^t)} \tag{6-8}$$

上述 Malmquist 指数测算出 t 时期的技术水平 S^t 所对应的技术效率从 t 时期到 t+1 时期的变化情况。采用相同的思路可以得到 t+1 时期的技术水平 S^{t+1} 所对应的 Malmquist 指数：

$$M_0 = \frac{D_0^{t+1}(x^{t+1}, y^{t+1})}{D_0^{t+1}(x^t, y^t)} \tag{6-9}$$

从 Malmquist 指数的定义思路可以发现，基于不同时期的技术水平可以得到不同的 Malmquist 指数，技术水平的时期选择的差别会带来 Malmquist 指数的差异。为保持衡量指标的一致性，以产出作为导向的全要素生产率指数用 t 时期的技术水平 S^t 和 t+1 时期的技术水平 S^{t+1} 所对应的 Malmquist 指数的几何平均值来表示，其公式如下：

$$M_0(x^{t+1}, y^{t+1}, x^t, y^t) = \left[\left(\frac{D_0^t(x^{t+1}, y^{t+1})}{D_0^t(x^t, y^t)}\right)\left(\frac{D_0^{t+1}(x^{t+1}, y^{t+1})}{D_0^{t+1}(x^t, y^t)}\right)\right]^{1/2} \tag{6-10}$$

如果 Malmquist 指数小于1，说明全要素生产率从 t 时期到 t+1 时期是减少的；如果 Malmquist 指数等于1，说明全要素生产率从 t 时期到 t+1 时期保持不变；如果 Malmquist 指数大于1，说明全要素生产率从 t 时期到 t+1 时期是增长的。将上述 Malmquist 指数进行变换后得到：

$$M_0(x^{t+1}, y^{t+1}, x^t, y^t) = \frac{D_0^{t+1}(x^{t+1}, y^{t+1})}{D_0^t(x^t, y^t)} \times \left[\left(\frac{D_0^t(x^{t+1}, y^{t+1})}{D_0^{t+1}(x^t, y^t)}\right)\left(\frac{D_0^t(x^t, y^t)}{D_0^{t+1}(x^t, y^t)}\right)\right]^{1/2}$$
$$= EC \times TC \tag{6-11}$$

经过对原 Malmquist 指数公式进行变换能够将其分解为两部分，前一部分是全要素生产率的相对技术效率变化（EC），后一部分是技术进步的变化（TC）。相对技术效率变化（EC）是在投入要素可以自由结合而且规模报酬不变的情况下的相对效率变化的指数，它描绘出每一个生产单元从 t 时期到 t+1 时期对生产可能性边界的水平接近程度，其所体现的是技术水平的水平效应和追赶效应。相对技术效率变化指数大于 1 的情况代表着相对技术效率是增长的。与之相反，在相对技术效率变化指数小于 1 的情况下，则说明相对技术效率有所下降。技术进步的变化（TC）描绘出从 t 时期到 t+1 时期技术边界的变化情况，它代表着技术水平的增长效应。如果技术进步的变化（TC）指数大于 1 代表技术进步，反之则表示技术倒退。在规模报酬可变的情况下，相对技术效率变化（EC）还可以通过进一步分解得到纯技术效率变化（PC）和规模效率变化（SC）。规模效率表示生产单元所能达到的最优技术条件下的最佳生产规模的能力，纯技术效率表示在现有技术水平下生产单元得到相应产出的能力。

目前，广泛得到认可的计算 Malmquist 指数的方法是基于非参数的 DEA。其基本思路如下：首先明确时期（t=1，2，…，T）和决策单元（k=1，2，…，K），然后假设 n 种投入要素 $x_n^{k,t}$（n=1，…，N）对应 m 种产出 $y_m^{k,t}$（m=1，…，M），同时要确保在每个时期所对应的投入要素和产出是固定不变且严格非负的，那么 t 时期的技术水平集合可以表示为：

$$S^t = \{(x^t, y^t): y_m^t \leqslant \sum_{k=1}^{K} z^{k,t} y_m^{k,t};\ \sum_{k=1}^{K} z^{k,t} x_n^{k,t} \leqslant x_n^t;\ z^{k,t} \geqslant 0\} \tag{6-12}$$

其中，$z^{k,t}$ 代表在整个集合中赋予第 k 个决策单元的权重。技术效率在数值上是产出导向的距离函数的倒数，生产技术也具有强要素自由置换性和规模报酬不变特性。因此，技术效率可以通过对产出导向的距离函数的求解来得到。基于前述的定义和推导公式，要计算某一个决策单元 k^* 从 t 时期到 t+1 时期的全要素生产率变化就需要通过构建方程组求解出 $D_0^t(x^t, y^t)$、$D_0^t(x^{t+1}, y^{t+1})$、$D_0^{t+1}(x^t, y^t)$、$D_0^{t+1}(x^{t+1}, y^{t+1})$

这四个距离函数值。以 $D_0^t(x^t, y^t)$ 为例，其求解过程是线性规划问题，具体的线性规划条件为：

$$(D_0^t(x^{k^*,t}, y^{k^*t}))^{-1} = \max\theta^{k^*} \quad (6-13)$$

$$s.t.\ \theta^{k^*} y_m^{k^*t} \leqslant \sum_{k=1}^{K} z^{k,t} y_m^{k,t},\ m = 1, \cdots, M \quad (6-14)$$

$$\sum_{k=1}^{K} z^{k,t} x_n^{k,t} \leqslant x_n^{k^*t},\ n = 1, \cdots, N \quad (6-15)$$

$$z^{k,t} \geqslant 0,\ k = 1, \cdots, K \quad (6-16)$$

采用相同的方法可以得到其他三个距离函数的线性规划方程组，在此不再赘述。

6.1.2　流通业集约化测算的指标选取与数据说明

由于流通业的部分相关数据自 2002 年起才有比较全面和连续的数据，考虑到全要素生产率计算过程中会损失第一年的数据以及集约度计算公式中又会减少一年数据，为保证数据的时间一致性，本书将全要素生产率的时间区间设定为 2000～2015 年。此外，西藏自治区在相关数据统计方面存在较为严重的数据缺失问题，将省际样本确定为除西藏自治区以外的 30 个省份。流通业全要素生产率的计算需要流通业产出、劳动投入、资本投入三个主要指标，所使用的基础数据来源于《中国统计年鉴》《中国固定资产投资统计年鉴》和各省统计年鉴。接下来对相关指标的选取和处理进行具体说明。

1. 流通业产出

一般来说，普遍将按照可比价格计算的国内生产总值作为经济体产出的衡量指标，本书中流通业产出的指标选取各省流通业历年增加值。有学者提出，中国在数据统计长期以来更加重视物质产品生产，一定程度上忽视了包含流通业在内的服务业的相关统计，导致了产出的漏算和低估等问题①，通过对比经过调整后的数据和历年统计年鉴中的相关数据，这一问题在本书所选取的时间区间内并未表现出明显差异。同时，为保持统计口径的一致性，本书主要采用历年《中国统计年鉴》中的相关数据。此外，为保持所选择数据的可比性，本书将 2000

① 许宪春. 中国服务业核算及其存在的问题研究［J］. 经济研究，2004（3）：20－27.

年作为基期，对基础数据通过以2000年不变价格计算的国内生产总值价格平减指数进行平减，进而获得以2000年不变价为基期的流通业增加值。

2. 劳动投入

在新经济增长理论模型中，劳动投入是劳动数量与劳动效率结合的要素，这样能够确保综合考虑劳动投入的数量和质量，然而在实际的数据统计中很难找到两者的具体指代指标，特别是劳动效率的具体衡量指标。李晓慧（2015）认为，在完善的市场机制下，劳动者报酬能够准确体现劳动投入在质量和数量两方面的综合贡献，但劳动者报酬在目前中国现有的收入分配体制下并不能合理地反映真实的劳动投入情况。如果仅就劳动投入的数量而言，劳动者的总劳动时间更能体现真实的劳动投入数量，但中国统计数据中缺乏相关统计数据，因此，选择流通业的从业人员数作为劳动投入指标是绝大多数的相关研究的主流选择，本书沿用这一研究惯例。

3. 资本投入

通常衡量资本投入量的指标为资本存量，本书在省际层面采用各省流通业资本存量作为资本投入的衡量指标。资本存量是在某一时间节点上配置在生产上的资本数量，一般是固定资产形式。在实证考察经济增长、收入分配以及区域和行业发展等问题时一般都会使用到资本存量。我国并没有资本存量的相关统计数据，必须通过固定资产投资的相关数据进行推算。在资本存量的计算过程中可能出现由于指标选取和估算方法的差别导致的结果差异，目前永续盘存法是国内外学术界普遍认可的计算资本存量的方法之一。按照永续盘存法的定义和计算公式，某一年的资本存量是通过其前一年的总资本存量减去资本折旧之后再加上该年投资以后获得的，其具体的计算公式为：

$$K_{it} = K_{i,t-1}(1-\delta) + I_{it} \tag{6-17}$$

其中，K_{it}为当年资本存量，$K_{i,t-1}$为上一年资本存量，δ为折旧率，I_{it}为当年投资。由上述公式可以发现，计算资本存量主要需要基期资本存量、折旧率、投资和固定资产投资价格平减指数等相应数据。接下来对这些数据的选取和处理分别进行说明：

（1）基期资本存量。由于统计数据上并没有资本存量的相关数据，因此只能采用估算的方法。基期资本存量的估算主要有生产性积累估算方法[①]和固定资产原值估算方法[②③]。相对于生产性积累估算方法，固定资产原值估算方法因综合考虑了资本存量、折旧率、投资等多种因素而更加全面准确，因此本书使用固定资产原值估算方法。2000 年基期资本存量根据李晓慧计算得到的 1993 年基期资本存量数据、行业增加值比例、固定资产投资价格平减指数和折旧率等数据得出。

（2）资本的折旧率。在使用永续盘存法估算资本存量方面，由于不同学者对折旧率的理解和定义存在较大的差别，具体的折旧率也差异巨大，比如 5%[④⑤⑥⑦]。相对而言，现有使用永续盘存法计算资本存量的文献多数选择 5% 的折旧率，这也在中国 3% ~5% 的法定折旧率范围内，因此本书将折旧率确定为 5%。

（3）固定资产投资价格平减指数。统计数据中流通业的固定资产投资价格平减指数既没有全国数据，更没有省际层面的数据，与其相近的指数是全国省际固定资产投资价格指数。自 1991 年起，政府统计部门每年都会发布固定资产投资价格指数，这确保了该数据的权威性、连续性和可获得性。本书将各省固定资产投资价格指数换算为以 2000 年为基期的固定资产投资价格平减指数作为流通业的固定资产投资价格平减指数。

（4）当年投资。相对于前面的三个指标，相关学者对当年投资的指标选取上分歧较小，普遍选择固定资产投资作为当年新增投资，本书沿用该惯例。同时，为保证数据的可比性，将 2000 年作为基期不变价格，对历年流通业固定资产投资通过以 2000 年不变价格计算的固定资产投资价格平减指数进行平减，进而获得以 2000 年不变价为基期的历年流通业固定资产投资。

---

① 张军，章元．对中国资本存量 K 的再估计［J］．经济研究，2003（7）：35 -43.

② 李晓慧．中国流通业增长效率研究［D］．北京：首都经济贸易大学博士论文，2012.

③ 李江帆．产业结构高级化与第三产业现代化［J］．中山大学学报（社会科学版），2005（4）：124 -130.

④ Wang Yan，Yudong Yao. Sources of China's Economic Growth，1952 -1999：Incorporating Human Capital Accumulation［R］．World Bank Working Paper，2001：23 -38.

⑤ Young A. The Razor's Edge：Distortons and Incremental Reform in the People Republic of China［J］．Quarterly Journal of Economics，2000，115（4）：1091 -1135.

⑥ 黄勇峰，任若恩，刘晓生．中国制造业资本存量永续盘存法估计［J］．经济学（季刊），2002（1）：377 -396.

⑦ 王小鲁．中国经济增长的可持续性与制度变革［J］．经济研究，2000（7）：3 -15.

6.1.3 流通业全要素生产率的计算结果分析

基于数据包络分析软件 DEAP2.1，采用中国 30 个省份（不含西藏）2000~2015 年的流通业投入产出数据，得到 2001~2015 年中国省际层面的全要素生产率和其分解指标，并对省际指标进行算术平均得到全国层面的总体数据。接下来分别从全国和省际层面对流通业全要素生产率进行分析。

1. 2001~2015 年中国流通业的全要素生产率变化

表 6-1 列出了基于 DEA-Malquist 指数的 2001~2015 年中国流通业全要素及其分解指标。从表中可以发现：①除 2001 年、2002 年、2013 年以外，中国流通业的全要素生产率指数均超过 1，中国流通业的全要素生产率在这 15 年的平均值为 1.032，平均增长率为 3.2%，中国流通业全要素生产率对流通业增长的贡献保持平稳增长趋势。②在全要素生产率的分解指标中，在 15 年的考察期内，技术效率指数超过 1（即技术效率对全要素生产率的贡献率为正）的年份只有 6 年，而技术进步指数超过 1（即技术进步对全要素生产率的贡献率为正）的年份达到了 10 年，且从绝对数值上看，技术进步指数的年平均增长率达到正的 3.4%，而技术效率指数的年平均增长率仅有 -0.2%，进而可得全要素生产率的增长主要来自技术进步指数的增长。③对技术效率进一步分解，无论是纯技术效率还是规模效率对全要素生产率的贡献都比较低，从绝对数值上看，纯技术效率指数和规模效率指数的平均增长率均为 -0.1%，从年份上看，纯技术效率指数和规模效率指数超过 1 的年份分别是 5 个和 7 个，均低于 15 年的考察期年份的半数。

表 6-1　中国流通业全要素生产率及其分解指标（2001~2015 年）

年份	技术效率指数	技术进步指数	纯技术效率指数	规模效率指数	全要素生产率
2001	1.005	0.980	0.995	1.010	0.984
2002	0.998	0.992	1.005	0.994	0.990
2003	0.990	1.017	0.991	0.999	1.008
2004	0.988	1.023	0.999	0.989	1.011
2005	0.973	1.062	0.989	0.983	1.033
2006	0.983	1.069	0.990	0.992	1.050

续表

年份	技术效率指数	技术进步指数	纯技术效率指数	规模效率指数	全要素生产率
2007	0.999	1.069	0.991	1.008	1.068
2008	1.039	0.998	1.032	1.007	1.037
2009	1.052	0.998	1.028	1.024	1.050
2010	0.994	1.063	0.992	1.002	1.056
2011	1.006	1.056	1.011	0.995	1.063
2012	0.982	1.073	0.994	0.988	1.054
2013	1.004	0.946	0.997	1.007	0.949
2014	0.941	1.116	0.965	0.975	1.050
2015	1.023	1.046	1.004	1.018	1.070
平均值	0.998	1.034	0.999	0.999	1.032

注：本表中指数为历年各省的几何平均数，所取的平均数也是各年份的几何平均数。

在该段时期内，技术进步是推动全要素生产率对流通业增长的贡献的主要影响因素，而技术效率不但未能发挥其应有的促进作用反而对流通业增长起到了一定的阻碍作用。在第四次技术革命的冲击下，新技术对流通业增长的重要推动作用已经有所凸显，但是技术效率指数负增长说明中国流通业并没有能够通过对新技术的合理利用来有效配置现有资源。技术效率由纯技术效率和规模效率两方面构成，其中，纯技术效率反映管理、组织结构、技术等对生产效率的影响，规模效率主要反映出企业规模对生产效率的影响。通过对技术效率的数值进一步分解后可以明显发现，纯技术效率指数和规模效率指数的平均增长率均为 -0.1%。也就是说，在该段时间内，流通业在管理、组织结构、技术、规模等方面均存在着一定问题。具体体现在以下几个方面：一是现有流通组织结构不合理，没有能够根据技术革命带来的经济环境变化做出及时有效的调整。二是管理体制和激励机制尚需进一步完善，需要用适应新技术引领下的新时代需求的新思想来指导流通业的发展。三是流通企业本身集中度低，流通业内部存在着大量的中小微型流通企业，由于资金、信息、人才、资源等方面的限制，技术进步渗透到中小微型企业并发挥作用往往需要相当长的时间。四是政府仍然遵循原有计划经济体制下的流通业发展思路，导致各地区流通基础设施普遍存在重复建设问题，缺乏全局性思考和整体布局，造成大量的资源浪费。

2. 2001～2015 年中国区域流通业的全要素生产率变化

接下来分析中国东、中、西部和省际层面的全要素生产率及其分解指标的变化情况。国家统计局按地区分布情况和经济相似性将中国划分为东部、西部、中部和东北地区，但东北地区由于只有三个省份无法进行后续相应的动态面板分析，为保持整体研究的数理和逻辑一致性，因此本书在区域划分上沿用惯例将中国分为东、中、西部。具体而言，东部地区包括北京、天津、河北、山东、江苏、福建、浙江、广东、上海、海南和辽宁等 11 个省份；中部地区包括山西、河南、安徽、江西、湖北、湖南、吉林和黑龙江等 8 个省份；西部地区包括重庆、四川、广西、贵州、云南、甘肃、陕西、内蒙古、宁夏、青海和新疆等 11 个省份。

从表 6－2 可以发现，在 2001～2015 年这段时期，中国省际层面全要素生产率差异非常大，全要素生产率平均增长最快的湖南省（1.065）比平均增长最慢的河南省（0.999）高出 6.6%，而且除河南省以外的所有省份全要素生产率的平均增长率均为正值。在考察期内，中国全要素生产率的平均增长率为 1.032，超过全国平均增长率的省份有 17 个，其中，东部占比最高，有 9 个省份；西部次之，有 6 个省份；中部最少，只有 2 个省份。从地区全要素生产率来看，东部增长率平均值最高，达到 3.8%，其中，天津、河北、浙江、福建、山东、广东、海南等 7 省增长率高于东部均值水平；西部次之，平均增长率为 3.3%，西部地区中高于平均水平的省份有内蒙古、广西、四川、云南、宁夏、新疆；中部最低，平均增长率仅有 2.7%，中部地区省份中高于区域平均增长水平的省份有吉林、黑龙江、安徽、湖南等。从省际层面的全要素生产率的分解指标来看，各省技术效率指数均低于其技术进步指数，且所有省份的技术进步指数均呈现正增长，而技术效率指数负增长的省份多达 12 个，这说明技术进步对流通业发展的贡献要高于技术效率，技术进步是全要素生产率中支撑流通业发展的重要指标，而技术效率成为制约流通业全要素生产率增长的因素。西部地区的纯技术效率指数增长率和规模效率指数增长率均高于东部地区和中部地区，这反映出西部地区流通业在管理、组织结构、技术、规模经济等方面要优于其他两个地区。

表6－2　各地区流通业平均生产率指数及分解（2001～2015年）

省份	技术效率指数	技术进步指数	纯技术效率指数	规模效率指数	全要素生产率	省份	技术效率指数	技术进步指数	纯技术效率指数	规模效率指数	全要素生产率
北京	1.001	1.037	1.004	0.997	1.037	河南	0.974	1.026	0.978	0.996	0.999
天津	1.007	1.036	1.003	1.004	1.043	湖北	0.996	1.030	0.999	0.997	1.026
河北	1.014	1.030	1.014	1.000	1.042	湖南	1.027	1.032	1.027	1.000	1.065
辽宁	1.005	1.034	1.006	0.999	1.038	中部均值	0.997	1.030	0.998	0.999	1.027
上海	0.974	1.038	0.979	0.994	1.010	内蒙古	1.018	1.027	1.019	0.999	1.044
江苏	0.994	1.034	1.001	0.993	1.028	广西	1.007	1.034	1.008	1.000	1.042
浙江	1.001	1.044	1.001	1.000	1.044	重庆	0.981	1.030	0.984	0.997	1.010
福建	1.000	1.049	1.000	1.000	1.049	四川	1.006	1.033	1.008	0.997	1.039
山东	1.000	1.040	1.004	0.996	1.040	贵州	0.991	1.028	0.986	1.005	1.016
广东	0.994	1.051	1.000	0.994	1.044	云南	1.005	1.036	1.005	1.001	1.035
海南	0.989	1.055	1.000	0.989	1.039	陕西	0.987	1.028	0.989	0.998	1.014
东部均值	0.998	1.041	1.001	0.997	1.038	甘肃	1.007	1.027	1.008	0.999	1.032
山西	0.987	1.036	0.988	1.000	1.022	青海	1.002	1.029	0.983	1.026	1.028
吉林	1.008	1.027	1.012	0.996	1.033	宁夏	1.026	1.031	1.006	1.031	1.055
黑龙江	1.000	1.030	1.000	1.000	1.028	新疆	1.012	1.035	1.012	1.000	1.044
安徽	0.996	1.034	0.996	1.000	1.030	西部均值	1.004	1.031	1.001	1.005	1.033
江西	0.987	1.029	0.987	1.000	1.011	全国均值	0.998	1.034	0.999	0.999	1.032

注：本表中省份数值为各省历年的平均值，按区域划分的平均数也是相应省份的平均值。

综上所述，中国区域流通业全要素生产率在省际和区域层面均存在较大的差异，且流通业全要素生产率差异与区域经济发展状况、基础设施条件等密切相关。东部全要素生产率总体增长率高，但技术效率指数增长率偏低，说明东部发达地区的流通业发展主要得益于该地区经济发达所带来的技术进步，而在对技术、要素、组织结构、规模经济等方面存在着较大的提升空间。中部地区总体情况与东部地区较为类似，其全要素生产率增长偏低的原因是其技术效率与东部地区相近，但是中部地区技术进步要明显低于东部地区。西部地区是三个地区中唯一的一个技术效率指数正增长的地区，其全要素生产率各分解指标的增长情况相对均衡，也体现出西部地区在其现有的技术条件和基础设施建设基础上更好地整合了相关的资源，进而实现了该地区流通业在有限的资源和技术支撑下的更优发展。

6.1.4 流通业集约化程度的测算和结果分析

流通业集约化程度的衡量指标为集约度。根据前述定义，流通业的集约度是流通业全要素生产率变化对流通业增加值变化的相对贡献水平，其数值为当年流通业的全要素生产率与上一年流通业全要素生产率的差值除以当年流通业增加值与上一年流通业增加值得到的比率。由于在计算流通业全要素生产率时将2000年作为基期，为保持数据一致性，在该部分计算过程中所使用的流通业增加值数据依然采用以2000年不变价格计算的国内生产总值价格平减指数进行平减之后获得的以2000年不变价为基期的流通业增加值。根据2001~2015年中国省际层面的全要素生产率和流通业增加值可以得到2002~2015年中国省际层面的流通业集约度。接下来分别从全国和省际层面对流通业集约度进行分析。

1. 2002~2015年中国流通业的集约度

表6-3列出了2002~2015年中国流通业集约化水平的年度变化数据。从表中可以发现，在2002~2015年，中国流通业集约化程度在整个国家层面的平均增长率达到9.56%，这表明在该段时期内，流通业发展中全要素生产率增长对流通业增加值的相对贡献逐渐提高，中国流通业集约化水平总体上保持着较为强劲的增长态势。按东中西部区域划分来看，中国流通业集约化发展的区域差异非常显著，东部地区流通业集约化水平的年平均增长率不到中部地区流通业集约化水平年平均增长率的1/3。具体来看，东部地区流通业集约度的年平均增长率最低，仅有4.01%；中部地区流通业集约度年平均增长率最高，高达13.8%；西部地区流通业集约化水平的年平均增长率略低于西部地区，平均每年以12%的增长率增长。上述结果与一般认为的东部发达地区流通业集

约化程度应该高于西部不发达地区的常识相悖，这源于本书将流通业集约度定义为流通业全要素生产率对流通业发展的相对贡献，而不是仅仅使用流通业全要素生产率的绝对数值来衡量流通业集约度。如果仅使用流通业的全要素生产率作为流通业集约化水平的衡量指标，那么东部地区的集约化水平要高于中西部地区，但这样就忽视了劳动和资本等有形生产要素投入增加对流通业发展的贡献，也无法全面客观真实地反映出流通业的集约化水平。在全要素生产率略高于中西部地区的情况下，东部地区集约化程度的增长率远低于中西部地区，主要是由于相对于全要素生产率对流通业发展的贡献而言，东部地区流通业的有形生产要素投入更多，对流通业发展的相对贡献更大，也客观反映出东部发达地区和中西部欠发达地区在要素资源投入上的巨大差距。

表6-3　　中国流通业集约度（2002~2015年）

年份	全国	东部	中部	西部
2002	0.0535063	-0.0532790	0.0572013	0.1576043
2003	0.1475280	0.0950715	0.1576424	0.1926287
2004	0.0207540	-0.1453630	0.1579111	0.0871207
2005	0.1952080	0.2643523	0.0528711	0.2295814
2006	0.1410971	0.1170446	0.1162174	0.1832438
2007	0.1263905	0.0141960	0.1929171	0.1902021
2008	-0.2507040	-0.3748730	-0.1666300	-0.1876790
2009	0.0827848	0.1688410	0.0867294	-0.0061400
2010	0.0518616	0.0866852	0.0828121	-0.0054710
2011	0.0358294	-0.1094020	0.1957063	0.0647864
2012	-0.0453040	-0.0591140	0.0868214	-0.1275840
2013	-0.8979680	-0.4578820	-1.5813020	-0.8410850
2014	1.3715013	1.2341893	1.9616939	1.0795824
2015	0.3062746	-0.2192500	0.5311937	0.6682222
历年平均	0.0956257	0.0400869	0.1379847	0.1203580

注：本表中集约度数值为历年各省的平均值。

从图6－2中中国流通业集约度的走势图可以明显发现，在2002～2012年这十年里，无论是全国整体还是东中西部地区的流通业集约化水平的走势均相对较为平稳，并未出现明显的大起大落的巨幅波动的情况，增长率基本维持在正负50%之间，而且流通业集约化水平在波动中呈现出稳步上升的趋势。2013年、2014年这两年中国流通业集约度的波动非常剧烈，波动幅度超过200%，其中，中部地区波动幅度最大，2013年集约化程度降低158.1%，2014年巨幅增长196.2%，两年的波动幅度已经超过300%。在2015年，全国和东中西部地区流通业的集约化程度的高速增长态势出现较大程度的回落，特别是东部地区流通业集约度从上一年的123.4%回落到－22%。流通业集约度在近三年的巨大波动态势主要有两个原因：一是技术革命近几年对流通业造成的巨大冲击导致流通业内部较大规模的调整和重构。二是中国近几年宏观层面推动供给侧结构性改革从流通业外部对流通业集约度也造成了较大的影响。

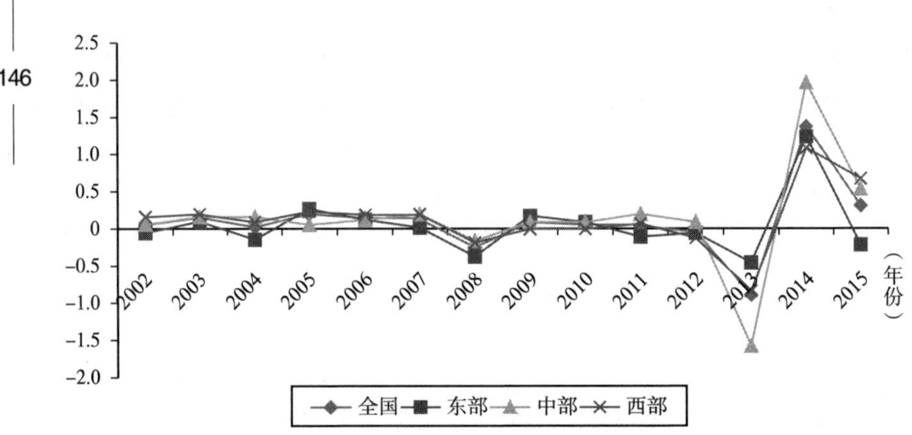

图6－2　2002～2015年中国流通业集约度的走势

2. 2002～2015年中国省际流通业的集约度变化

表6－4列出了2002～2015年中国省际层面流通业集约度的数值和具体排名，各省流通业集约度变化趋势存在较为明显的差异，集约度平均值排名第一的湖南（集约度平均值为0.507978）比排名最后的广东（集约度平均值为－0.056555）高出56%。从流通业集约度的绝对数值来看，除北京、上海、广东三个省份以外，其余27个省份流通业集约

化水平均呈现出增长的趋势。北京、上海、广东三个省份为中国市场经济最活跃的地区，其流通业的增加值不管是从总量还是人均方面都在全国处于前列，上述三个省份的全要素生产率分别为1.037、1.01、1.044。除上海全要素生产率略低于全国均值以外，北京、广东的全要素生产率均高于全国平均水平，其流通业集约度反而呈现出负增长的情况，这说明，这三个省份的集约度呈现出负增长的趋势并不是由其全要素生产率对流通业发展在绝对值上的贡献偏低导致的。相对于其全要素生产率对流通业发展的贡献，这三个省份依托于自身发达的市场经济环境、雄厚的经济实力以及强大的要素资源吸附能力等方面的优势在流通业发展所需要的有形生产要素投入方面的支持力度远高于其他省份，有形生产要素的投入对流通业发展的巨大贡献挤压了全要素生产率对其所起到的相对贡献，形成一定程度上的挤出效应。

表6-4　　　　中国省际流通业集约度（2002~2015年）

省份	集约度	排名	省份	集约度	排名
北京	-0.036581	29	河南	0.1026195	12
天津	0.0273395	23	湖北	0.1107773	10
河北	0.0961077	13	湖南	0.5079781	1
辽宁	0.0190387	25	中部均值	0.137985	—
上海	-0.001597	28	内蒙古	0.1694788	5
江苏	0.1716628	3	广西	0.0632245	20
浙江	0.1029225	11	重庆	0.0866334	16
福建	0.0187628	26	四川	0.1269554	9
山东	0.0842195	17	贵州	0.1707346	4
广东	-0.056555	30	云南	0.1797546	2
海南	0.0156359	27	陕西	0.0751365	19
东部均值	0.040087	—	甘肃	0.0836536	18
山西	0.0268086	24	青海	0.1444333	7
吉林	0.090502	15	宁夏	0.1326878	8
黑龙江	0.056428	22	新疆	0.0912454	14
江西	0.1487798	6	西部均值	0.120358	—
安徽	0.0599839	21	全国均值	0.099477	—

注：本表中指数为历年各省的几何平均数，所取的平均数也是各年份的几何平均数。

从地区分布来看，中西部地区的省份在流通业集约度上的表现要普遍好于东部地区，排名第一的湖南省位于中部地区，中部地区排名最低的山西省在全国排在第24位，除此之外的所有中部省份均排在前20名之内。西部地区的所有省份的流通业集约度排名均位于前三分之二，且在全国排名前十的省份中占据五个省份。东部地区中仅有江苏省的流通业集约度的平均增长率（排名第三）排进全国前十，在全国流通业集约度后十名中有七个省份来自东部地区。从中国省际层面的流通业集约度发展情况来看，一个地区的经济发展情况和其流通业集约化发展水平之间存在着明显的背离趋势，这主要有以下几个原因：首先，在目前所处的互联网经济时代，流通业的技术外溢性非常强，整体上并不存在明显的技术壁垒限制，尽管经济发达地区相对于中西部欠发达地区能够获得更多的技术优势，但这种技术资源优势在两种地区之间的配置时间滞后性大幅度缩短，进而使得东部发达地区流通业发展在技术上并不能获得长久的优势。其次，经过近几十年的发展，中国东中西部地区的流通基础设施均取得了长足进步，中西部省份中的部分地区的基础设施尽管仍然相对落后，但也基本能够保证流通业发展的最低要求，基础设施对流通业发展的制约因素不断减弱，这也削弱了东部发达地区的原有优势。最后，在全要素生产率差异逐渐缩小的情况下，东部发达地区和中西部欠发达地区在流通业集约化水平和经济发展状况方面的背离取决于各个地区对流通业的有形生产要素的投入上所体现出来的巨大差别，东部地区发达省份拥有更强大的资本力量和更雄厚的人才资源储备，这种差距在短时间内难以有所改变，应该采取必要的激励措施将东部发达地区相对过剩的资本和人才资源向中西部地区疏解，进而实现流通业集约化水平的整体提高，同时也实现资源的优化配置。

6.2 中国流通业集约化的影响因素分析

基于上一部分对流通业集约化水平的测算结果，本节采用系统GMM动态面板分析方法，将中国流通业省际层面的相关数据作为数据基础，以中国流通业省际集约度作为被解释变量，以影响流通业集约度的各项指标作为解释变量，实证检验中国流通业集约化水平在省际层面呈现差异化的影响因素，并结合前述数理分析对实证结果进行系统剖析。

6.2.1 基于系统 GMM 动态面板的模型设定

由于本书从省际层面考察中国流通业的集约化水平及其影响因素，因此需要选取能够恰当处理面板数据的实证分析方法。同时，对流通业集约度的定义中涉及流通业的全要素生产率和增加值的差分处理，这使得当年流通业集约度与其自身前几年的数值存在一定的相关性，需要在解释变量中加入被解释变量的滞后值。在面板数据分析模型中，如果解释变量中包含解释变量的滞后值，那么这种面板模型被称为动态面板模型。与静态面板模型相比，动态面板模型能够通过对固定效应的控制来克服反向因果性和变量遗漏等问题。目前常用的动态面板分析方法主要有差分 GMM 动态面板、水平 GMM 动态面板和系统 GMM 动态面板三种。系统 GMM 动态面板模型是将差分 GMM 和水平 GMM 进行结合后将差分方程和水平方程作为一个总的方程系统来进行 GMM 估计的方法①。与另外两种动态面板模型相比，系统 GMM 动态面板模型能够提高估计的效率，同时它允许随机误差项存在异方差和序列相关，而且还可以对不随时间变化的变量的系数进行估计，因此本书选择系统 GMM 动态面板分析方法。系统 GMM 动态面板模型的一般形式为：

$$y_{it} = \alpha + \rho_1 y_{i,t-1} + \cdots + \rho_n y_{i,t-n} + x_{it}\beta + z_i\delta + u_i + \varepsilon_{it} \quad (6-18)$$

其中，y_{it}为被解释变量，$y_{i,t-n}$为被解释变量的 n 阶滞后项，β 为随时间变化的解释变量，δ 为不随时间变化的解释变量，u_i 和 ε_{it}分别为不随时间变化和随时间变化的随机误差项。

目前采用实证方法考察流通业集约化水平的文献还比较匮乏，与之相近的两类参考文献主要是中国经济增长集约化水平的实证分析和中国流通业效率的实证研究，研究中国经济增长集约化水平所选取的影响因素主要有技术创新、城镇化水平、基础设施、企业家精神、政府参与等②③④，研

---

① Blundell, R., Bond, S. Initial Conditions and Moment Restrictions in Dynamic Panel Data Models [J]. Journal of Econometrics, 1998 (87): 115-143.

② 曾铖，李元旭. 试论企业家精神驱动经济增长方式转变——基于我国省级面板数据的实证研究 [J]. 上海经济研究，2017 (10): 81-94.

③ 傅元海，叶祥松，王展祥. 制造业结构变迁与经济增长效率提高 [J]. 经济研究，2016 (8): 86-100.

④ 唐未兵，傅元海，王展祥. 技术创新、技术引进与经济增长方式转变 [J]. 经济研究，2014 (7): 31-43.

究中国流通业效率所选取的影响因素主要有流通基础设施、信息化水平、政府参与、流通规模、流通成本等①②。在众多学者的相关研究成果基础上，结合流通业集约化的特点，本书在模型中将流通业集约化的影响因素概括为技术进步、城镇化水平、政府参与、基础设施水平、企业家精神和信息化水平等六个方面，具体模型为：

$$JYD_{it} = \alpha + \rho_1 JYD_{i,t-1} + \rho_n JYD_{i,t-2} + x_{it}^1 KJ_{it} + x_{i,t-1}^2 KJ_{it-1} + x_{it}^3 CZ_{it} + x_{it}^4 CZH_{it} + x_{it}^5 QYJ_{it} + x_{it}^6 JC_{it} + x_{it}^7 XXH_{it} + u_i + \varepsilon_{it} \quad (6-19)$$

其中，JYD_{it}为流通业集约度，$JYD_{i,t-1}$和$JYD_{i,t-2}$分别为流通业集约度的一期和二期滞后，KJ_{it}和KJ_{it-1}分别为技术进步及其一期滞后，CZ_{it}为政府参与，CZH_{it}为城镇化水平，QYJ_{it}为企业家精神，JC_{it}为流通基础设施水平，XXH_{it}为信息化水平。

6.2.2 中国流通业集约化影响因素分析的指标选取

由于模型中涉及的部分相关数据自2002年起才有比较全面和连续的省际层面的数据统计，因此将动态面板数据的时间区间确定为2002～2015年。同时，西藏自治区在相关数据统计方面存在较为严重的数据缺失问题，因此省际样本选择除西藏以外的其他30个省份。同时，本书从全国层面和按照东中西部划分的地区层面考察流通业集约化的影响因素的地区差异，东中西部的地区划分与上一节保持一致。根据流通业集约化的特点和相关研究文献的分析，本书将流通业集约化的影响因素概括为技术进步、城镇化水平、政府参与、基础设施水平、企业家精神和信息化水平等六个方面。接下来对相关指标的选取和处理进行具体说明。

1. 技术进步

技术进步本身是比较抽象的概念，具体选择哪种数据指标作为其替代指标往往取决于文章本身所要反映的具体问题，技术进步的一般指标有用研发支出、申请专利数等，两者中选择研发支出作为技术进步指标的相对更多一些，但是在本书的时间区间内中国省际层面缺乏全面系统的数据统计，同时研发支出更偏向于衡量推动技术进步的投入，而申请

---

① 谢莉娟，王晓东．中国商品流通费用的影响因素探析——基于马克思流通费用构成的经验识别［J］．财贸经济，2014（12）：75－86.

② 张弘．信息化与中国流通创新［J］．财贸经济，2003（10）：58－62.

专利数更倾向于研发投入的产出，因此本书选择各省历年申请专利数作为技术进步的替代指标。

2. 城镇化水平

在中国目前依然存在的二元经济结构下，城镇化使得农村富余劳动力不断由第一产业向城市中的第二、第三产业转移，使城市中的劳动者的数量和质量不断提高，进而为增长方式从粗放式增长向集约化增长的演变打下了人力资源方面的基础。城镇化水平用城镇化率来表示，具体的计算公式为历年各省城镇人口除以常住总人口的比例。

3. 政府参与

政府可以通过财政支出纠正基础设施建设以及人力资本投资等方面的外部性来促进全要素生产率的提高，进而促进经济增长的集约化水平①。政府参与经济活动的具体衡量指标为财政一般预算支出与地区生产总值的比例。

4. 基础设施水平

基础设施水平的建设情况是流通业集约化发展的重要基础之一。王晓东和王诗桪（2016）在研究中国流通业效率问题时用各省的铁路里程、水路里程和公路里程的总和除以各省面积的比例来指代，本书基础设施水平沿用其相关设定。

5. 企业家精神

在相关文献中，企业家精神的衡量指标主要有投资者人数、企业平均初创规模、一定时期内新生企业或注册企业数据等。在研究增长方式转变问题时，林苞（2013）、曾铖（2017）等人从对实际情况的掌握以及科学技术的运用等方面阐述了企业家精神对增长方式转变的重要影响。出于数据可得性和权威性的考虑，本书中企业家精神的具体指标用城镇私营企业从业人员数中投资者人数（单位为万人）来反映。

6. 信息化水平

在互联网经济时代，互联网接入的普及率在一定程度上能够反映出一个地区的信息化水平。在已有的相关研究文献中，信息化水平的衡量指标主要有上网人数、互联网宽带接入端口数等。在传统的互联网经济时代，上网人数和互联网宽带接入端口数两者之间存在着较为紧密的相

① 唐颖，赵文军．公共支出与我国经济增长方式转变——基于省际面板数据的实证检验［J］．财贸经济，2014（4）：14－29.

关关系，然而随着移动互联网技术的普及，两者之间显现出一定的分化趋势，互联网宽带接入端口数对信息化水平的反映程度不断弱化，本书选用上网人数作为信息化水平的衡量指标。

6.2.3 中国流通业集约化影响因素的实证结果分析

本书使用Stata13.0软件并采用系统GMM动态面板数据分析方法进行模型估计，得到表6－5中的实证结果。从表中可以发现，用于工具变量过度识别检验的Sargan检验的结果均不能拒绝“所有工具变量均有效”的原假设，这就是说模型所选取的工具变量是合理并有效的。AR（2）的检验结果表明，四个模型的扰动项均不存在二阶自相关，即接受“扰动项没有自相关”的原假设。

表6－5　　模型实证结果

项目	全国	东部	中部	西部
$JYD_{i,t-1}$	-0.8788*** (0.069)	-0.7550*** (0.0655)	-1.1928*** (0.1792)	-4.2041** (1.7745)
$JYD_{i,t-2}$	-0.4802*** (0.0945)	-0.4622*** 0.161	-0.8048*** (0.2836)	2.986 (2.1402)
$KJ_{i,t}$	-7.32e-06 (5.15e-06)	-8.88e-06** (4.46e-06)	0.0001* (0.0001)	0.0015** (0.0008)
$KJ_{i,t-1}$	-1.96e-07 (3.31e-06)	8.84e-06** (4.17e-06)	-0.0002* (0.0001)	0.0002* (0.0001)
$CZ_{i,t}$	4.8483* (3.0028)	1.1113 (1.8345)	-10.4024 (9.6313)	187.2619** (93.5979)
$CZH_{i,t}$	-4.3616*** (0.9513)	-0.6103 (1.1412)	1.9168 (2.7113)	612.4461** (300.1557)
$QYJ_{i,t}$	0.0186*** (0.0056)	0.0104 (0.0065)	0.0729 (0.0568)	0.059** (0.0272)
$JC_{i,t}$	0.4332 (0.5295)	-0.5093 (0.4514)	-0.6748 (0.8628)	-174.6058** (85.6809)
$XXH_{i,t}$	-0.0001 (0.0002)	-0.0001* (0.0001)	-0.0006 (0.0004)	-0.0745** (0.0364)
常数项	0.3614 (0.6127)	0.4263 (0.4484)	0.5111 (0.855)	-122.6297** (0.0364)

续表

项目	全国	东部	中部	西部
Sargan 检验值	25.8535	3.8691	88.68	0.0022
AR（2）检验 P 值	0.6817	0.7908	0.454	0.6382
观测个数	360	132	96	132
省份数量	30	11	8	11

注：*** 表示1%的显著性水平，** 表示5%的显著性水平，* 表示10%的显著性水平。

从全国样本来看，流通业集约度与政府参与、企业家精神、基础设施水平正相关，与其他变量负相关，其中，流通业集约度的一期滞后和二期滞后、政府参与、城镇化水平、企业家精神这几个变量的结果显著，技术进步、基础设施水平和信息化水平与流通业集约度之间的相关关系结果不显著。流通业集约度与其一期滞后和二期滞后呈现较为显著的负相关关系，这主要因为集约度的计算公式是流通业全要素生产率和增加值相邻年份数据的差分值的比值，前一年的流通业集约度较高会导致后一年集约度衡量的标准相应变高，进而导致相同条件下其当年集约度水平的测算结果的降低。技术进步的影响系数非常小且不显著是因为技术进步本身在实际经济活动中彻底发挥其作用往往需要较长的时间，短期的影响较为有限，特别是全国样本中各地区的情况差别比较大，对原本就有限的影响起到了一定的中和抵消作用。政府参与对流通业集约度的带动作用非常明显，其每增加一个百分点会提高流通业集约度4.85个百分点，这说明中国流通业的发展对政府参与的依赖程度还比较强，政府可以通过采取积极的刺激政策来提高流通业集约度。城镇化水平与流通业集约度负相关，一是因为在考察期内，中国全国层面城镇化水平的提高速率明显快于流通业集约度，二是因为新的技术革命具有一定的反城镇化特征，原有的时空约束被打破，流通业在城市和农村之间的流通效率差距不断缩减。企业家精神与流通业集约度之间显著正相关，这反映了企业家精神在现代流通业发展中的重要作用，特别是相对于其他行业而言，流通业属于国有企业参与度较低、企业家群体最活跃的行业之一，像阿里巴巴集团、京东集团等新电子商务企业已经成为推动中国流通业变革发展的重要驱动力量。基础设施水平对流通业集约度的影响不显著说明，中国基础设施建设在全国层面已经基本完备，能够基本满足流通业发展的需要，不再是限制流通业发展的重要因素。从互联网经济时代的特点来看，信息化水平在一定程度上可以视为基础设施，之所以将其单独列出来是将其与传统意义上的基础设施进行区分。它对流通业集约化的影响与基础设施类似，得益于中国信息化水平在过去十几年里取得的长足进步，它已经从制约流通业集约化发展的重要因素退居到相对次要的位置。

从东部样本的实证结果来看，在所有流通业集约化的影响因素中，流通业集约度的一期滞后和二期滞后、技术进步及其一期滞后、信息化水平等影响因素比较显著。其中，除技术进步的一期滞后与流通业集约度正相关以外，其他四个工具变量均与流通业集约度负相关。在前述分析全国样本实证结果时已经对流通业集约度的一期滞后和二期滞后的原因进行了分析，在此不再赘述。当期技术进步与流通业集约度负相关，是由于技术进步传导到产业部门有一定的时滞，技术进步本身需要一定的资源和要素投入，在当期这些资源和要素的投入并不能直接转化为产出，而是一种无产出的纯粹投入状态，这就使得当期技术进步的影响系数在直观上反映为负值。而技术进步的一期滞后与流通业集约度正相关的结果说明东部地区技术进步在一定时间的技术转化滞后对流通业发展起到正向推动作用。该地区信息化水平与流通业集约度呈现出较为显著的负相关关系，但影响系数非常微小，相关系数只有万分之一，这主要是因为信息化水平是互联网经济时代的流通业集约化发展的必要基础设施之一，在信息化水平发展较低的早期阶段，其与流通业集约度的相关关系会比较紧密，特别是信息化水平的发展会在相当大程度上促进流通业的集约化发展水平。当信息化水平发展到一定阶段以后，作为必要基础设施，其对流通业的集约化发展主要是起到保障和支撑作用，而不再是单纯的促进作用。在东部地区，经济发展阶段明显快于中西部地区，流通业市场化程度较高，政府参与、城镇化水平、企业家精神、基础设施水平均在前期阶段已有较多的投入和更好的积淀，因此这些影响因素并未表现出与流通业集约度较为显著的关联关系。

从中部地区的实证结果来看，中部地区的技术进步、城镇化水平、企业家精神与流通业集约度正向相关，其他六个工具变量的影响系数均为负值。从显著性来看，中部地区除集约度的一期滞后和二期滞后、技术进步及其一期滞后以外，其他影响因素与流通业集约度的相关关系均不显著。在分析技术进步对流通业集约度的影响时已经说明技术进步发挥作用往往需要一定的时滞，而中部地区的技术进步与流通业集约度正相关、其一期滞后与流通业集约度负相关这一结果看起来并不符合逻辑。实际上，互联网经济时代的新技术革命产生的新技术和新思想具有非常强的扩散性和渗透性，很难形成技术壁垒，中部地区的技术进步在当期凸显出正向作用很大程度上得益于其他技术进步地区的技术外溢，而且技术差异越大，这种技术外溢性会表现得更强烈。中部地区的城镇化水平和企业家精神均与流通业集约度正相关，这表明这些地区城镇化水平和企业家精神与流通业集约度还处于早期同步发展阶段，城镇化水平还比较低，流通市场规模有待于进一步的开发和拓展，通过提高城镇化水平和激励更多的人才参与流通业相关领域的创业创新可以明显提高该地区流通业集约化水平。

从西部地区的实证结果来看，除了流通业集约度的一期滞后、基础设施水平和信息化水平三个影响因素以外，该地区其余六个影响因素均与流通业集约度呈现出正向相关关系。从显著性水平来看，除了流通业集约度的二期滞后不显著以外，其他所有的影响因素均在10%的显著性水平上显著。不同地区之间的经济发展水平和技术水平的差异越大，则技术进步的外溢性表现得越明显，这从中部地区和西部地区的相关数据的对比中可以得到验证。西部地区的政府参与对流通业集约度的影响系数为187，这表明该地区的政府参与每提高一个单位的百分比能够给其流通业集约度带来超过100倍的正向促进效用，这也在一定程度上反映出，相对于其他地区，西部地区在流通业发展方面对政府财政支出的依赖性非常强，其他地区由于自身发达的经济建设可以通过其他渠道获得流通业发展所需要的资金，而西部地区流通业发展的融资渠道相对比较狭窄。该地区城镇化水平对流通业集约度的正向促进效应非常强烈，城镇化水平对流通业集约度的影响主要体现在劳动投入方面，这反映出目前该地区流通业存在较为严重的劳动缺口，通过城镇化推进释放出来的劳动人口可以迅速转化为流通业发展的推动力量。该地区基础设施和信息化水平对流通业集约度的影响系数均为负值，说明西部地区的流通基础设施和信息化水平的建设还处于较低水平，已经制约了该地区流通业的集约化发展。完善的基础设施和信息化水平是流通业集约化发展的重要保障和支撑，该地区应该综合运用各方资本和人才加快推进基础设施和信息化水平的建设。

综上所述，由于中国东中西部地区客观存在的巨大的经济发展水平差距，使得不同地区流通业集约度的影响因素和传导机制存在较为明显的差异。具体而言，东部地区的技术进步对中西部地区流通业集约化发展起到了一定的技术外溢性，推动了中西部地区流通业的集约化发展。东部地区和中部地区在资金和人才方面对政府财政支出和农村转移人口的依赖性比较低，这两个地区比西部地区拥有更多的融资渠道和更广阔的人才供应市场。东部地区和中部地区支撑流通业集约化发展的基础设施和信息化水平等保障性因素已经较为完备，西部地区在这些方面的制约非常明显。从上述分析中可以发现，东部地区发展流通业集约化的着力点应该主要是更加偏向于市场的技术进步和企业家精神。而西部地区现阶段发展流通业集约化的重心应该以政府参与为主导，通过政府财政资金支持不断推进自身基础设施建设，同时培育成熟和健全的流通市场，进而提高对人才和资本的吸引力，形成该地区流通业的规模效应。中部地区的情况介于东西部地区之间，其一方面应该通过市场机制在技术和市场活跃度上追赶东部发达地区，同时还应该采取一定的政府参与来弥补无法通过市场机制有效改善的资本和人才方面的差距。

第7章　中国流通业集约化的路径选择

中国流通业集约化是流通业自身良性可持续发展的必然选择，也是中国转变经济增长方式对流通业提出的现实要求。结合前述流通业集约化的理论机理分析和实证测度，本章首先分别从理论和现实层面给出中国流通业集约化发展的现实路径选择作为依据，然后总结出提升中国流通业集约化水平的现实路径，最后从产业层面、企业层面和技术层面三个角度对中国流通业集约化的现实路径的支撑体系进行系统梳理。

7.1　提升中国流通业集约化水平的依据

7.1.1　提升中国流通业集约化水平的理论依据

流通业集约化的本质是依靠技术进步、人力资本等无形生产要素的增长和组织结构、配置效率等方面的改善和优化带动流通业的发展，而不再是通过劳动和资本等有形要素投入的增加来带动，流通业集约化的主要特征是低成本、低消耗、低污染、高效益。流通业集约化水平的衡量指标不能简单定义为全要素生产率，而应该综合考虑劳动、资本等生产要素和全要素生产率对增长的相对贡献。从流通业集约化水平的衡量指标来看，流通业集约化水平的主要影响因素是其全要素生产率，但同时还会受到劳动、资本等生产要素投入的影响。在其他条件保持不变的情况下，流通业的全要素生产率越高，其集约化水平越高；劳动和资本等有形生产要素对流通业发展的贡献越高，则流通业集约化水平越低。流通业集约化水平与其全要素生产率是正向相关关系，与劳动和资本等有形生产要素对流通业发展的贡献是反向相关关系。

根据流通业集约化的一般均衡分析，流通业集约化水平的影响因素主要有流通业的全要素生产率、流通业的劳动人数在总劳动人数中所占比例、其他行业产出对流通业产出的技术转化参数以及总劳动人数。其中，流通业集约化水平与全要素生产率、流通业的劳动人数在总劳动人数中所占比例正相关，与其他行业产出对流通业产出的技术转化参数、总劳动人数负相关。在全要素生产率的分解指数中，纯技术效率反映管理、组织结构、技术等对生产效率的影响，规模效率主要反映出企业规模对生产效率的影响。从流通业集约化水平的计算公式看，劳动和资本等有形生产要素投入的增长与流通业集约化水平负相关，但流通业集约化水平的一般均衡分析结果表明，流通业集约化水平的提高需要一定有形生产要素的投入作为其自身发展的物质基础，这主要体现在流通业的劳动人数在总劳动人数中所占比例对流通业集约化水平提升所起到的正向带动作用。

通过理论分析可以发现，提高流通业集约化水平需要从三个方面入手：一是技术进步，这也是流通业集约化水平提升的根本动力。二是通过改善流通业的管理水平、组织结构、技术实践应用等来提高其生产效率。三是扩大流通企业的规模，形成规模经济效应，依靠规模经济提升流通业的集约化水平。不容忽视的是，提高流通业集约化水平的前提条件是必要的劳动和资本等有形生产要素的投入。与依赖于劳动和资本等有形生产要素投入带动的粗放型增长方式相比，流通业的集约化发展固然拥有着低成本、低消耗、低污染、高效益等各种优点，但是流通业的发展阶段有其不可跨越的客观规律，只有在依靠粗放型增长达到一定水平之后才能向集约化增长方式转变。

7.1.2 提升中国流通业集约化水平的现实依据

通过对中国流通业集约化水平的实证测算，在 2002 ~ 2015 年，中国流通业集约化水平总体上保持着较为强劲的增长态势，流通业发展中全要素生产率增长对流通业增加值的相对贡献逐渐提高，中国流通业的全要素生产率的年平均增长率为 3.2%，中国流通业集约化程度在整个国家层面的年平均增长率达到 9.56%。

从区域层面来看，中国流通业集约化发展的区域差异非常显著，中部地区流通业集约度的年平均增长率高达13.80%，而东部地区流通业集约度的年平均增长率只有4.01%，东部地区流通业集约化水平的年平均增长率还达不到中部地区流通业集约化水平年平均增长率的1/3。经过对比发现，东部地区流通业集约化水平发展缓慢的原因并非该地区全要素生产率对流通业发展的绝对贡献低，而是由于其经济发达吸引了更多的有形生产要素投入导致该地区全要素生产率对流通业发展的相对贡献偏低，这也一定程度上反映出有形要素资源在地区之间的配置差异。

通过流通业集约化水平影响因素的实证检验发现，由于中国东中西部地区客观存在的巨大的经济发展水平差距，使得不同地区流通业集约度的影响因素和传导机制存在较为明显的差异。具体而言，东部地区流通业集约化水平的提升主要得益于其技术水平的进步，中部地区流通业集约化水平提升的正向影响因素有技术进步、城镇化水平和企业家精神等，西部地区流通业集约化水平提升的正向影响因素有技术进步、政府参与、城镇化水平和企业家精神。即使是一些在流通业集约化水平的提升方面影响不显著的因素，其传导机理也不一致，东部和中部地区基础设施水平和信息化水平对其流通业集约化水平提升效应不显著的原因是这些地区基础设施和信息化水平等保障性因素已经较为完备，其在流通业的集约化发展过程中起到重要的基础性作用，而这种基础性作用并不会直观体现在其对流通业的集约化水平的数值提升上，却是该地区流通业集约化发展的不可或缺的重要保障，而西部地区明显是由于基础设施和信息化水平较低对该地区流通业集约化发展起到了阻碍作用。

中国幅员辽阔，各地区自然资源条件和经济发展水平差异巨大，流通业集约化发展的路径也不尽相同。东部地区基础设施和信息化水平建设已基本完备，对人才和资金的吸引力也更强，流通业市场化程度较高，该地区流通业集约化水平提升的着力点应该主要侧重于该地区的技术进步和企业家精神等方面的提高。西部地区基础设施和信息化水平建设还相对较为落后，该地区现阶段流通业集约化发展的首要任务是以政府参与为主导，通过中央政府的财政转移支付和地方政府的专项配套建设资金不断改善自身的基础设施建设，同时不断健全和完善区域流通市场，增强对人才和资金的吸引力。中部地区流通业集约化发展的现状介于东部和西部地区之间，其一方面应该通过进一步健全和完善流通市场在技术应用和市场拓展方面形成规模效应，同时应该通过一定的政府参与来弥补其对人才和资本的吸引力差距。

7.2 提升中国流通业集约化水平的实现路径

基于流通业集约化发展的理论依据和现实依据可以总结出，提升中国流通业集约化水平的实现路径主要有以下四个方面：供应链的整合和再造、流通组织结构优化和重构、基于双边市场理论的平台经济的构建和完善、新技术驱动下的流通业态创新。

7.2.1 供应链的整合和再造

经济时代已经由传统的工业经济时代过渡到互联网经济时代，流通业发展的主要驱动力也由要素投入驱动转变为技术驱动，新技术的广泛应用在一定程度上消除了原有流通体系中普遍存在的信息不对称、时空约束性等问题，整个商品和服务的流通的传导机制随之改变，供应链上下游之间参与者的信息传输效率得到有效提升。在新的时代背景下，原有的整个供应链需要顺应市场结构和市场需求特点的变化做出相应的改变，总体上看，整个供应链体系呈现出新的扁平化的去中间化趋势。特别是随着信息传输效率的提升，对于包括生产企业、流通企业和消费者在内的所有的市场参与者的信息收集和处理成本均大幅度降低，所有的市场参与者都拥有了纵向整合供应链的契机。流通企业面临着生产企业向下整合供应链进而实现生产企业与消费者直接对接的威胁，如果流通企业不能够在简单的商品流通职能之外扩展自身的其他职能，必然会极大降低自身在供应链体系中存在的价值。流通企业应该凭借自身对渠道资源的控制能力和对消费者需求的精准发掘来逆向整合供应链。特别是在由消费者需求主导的买方市场上，流通企业可以凭借自身与消费者紧密联系的天然优势获取消费者需求变化的市场信息，并从消费者需求变化中挖掘出有价值的信息，通过对消费者需求的精准发掘获取竞争力和供应链话语权，实现对供应链的逆向整合。流通业对供应链逆向整合的过程同时也是实现自身职能转变基础上的供应链再造的过程。

7.2.2　流通组织结构优化和重构

互联网经济时代，消费者思维驱动下的消费者需求发生了根本性的变化，原来占据市场消费主体的大众化、标准化的商品和服务已经无法满足消费者需求，消费者需求呈现出个性化和多元化的特征。而原有的流通组织结构是在大众化、标准化的商品流通基础上构建起来的，这显然无法满足新的商品流通体系。流通组织结构的变革路径主要有两种：一种是对原有流通组织进行相应的结构优化，另一种是重构整个流通组织结构。现实经济中，这两种变革路径并不是完全对立的，往往是同时进行并在各自独立发展的基础上实现一定的融合发展，在良性互动中推动整个流通组织结构的优化和重构。流通组织结构的优化和重构的基本原则是提升商品流通效率和服务品质，扩大流通市场规模，改善流通企业的适应能力和竞争能力，提高消费者剩余，最终实现社会福利的优化提升。在某些流通领域，原有的流通组织结构并非完全不利于流通业效率的提升，其存在本身就说明具有一定的合理性，只是在时代发展过程中出现了一部分不适应新经济环境的部分，通过对这些阻碍流通效率提升的部分进行优化整合，能够使原有的流通组织结构焕发出全新的竞争力和生命力，而且通过对原有的流通组织结构进行优化可以避免对整个经济体系造成过大的冲击，如果处理不当极有可能引发大规模长期性的结构性失业，最终反而威胁到整个国民经济体系的平稳健康发展。

7.2.3　基于双边市场理论的平台经济的构建和完善

流通业具有典型的双边市场属性，这种双边市场属性在新技术的推动下进一步增强，流通业的职能也由简单的中介职能向引导生产、刺激消费、集成服务、创新驱动等综合性跨领域职能转变。基于双边市场理论，平台经济是发挥流通业双边市场特征并引领提升整个流通体系效率的重要组成部分。技术革命带来的时空约束的大幅度削弱使得由单一的市场主体在相对固定的经营模式下供应商品和服务已经无法满足其经营范围内的消费者日趋多变的需求，竞争对手和潜在消费者都不再是局限于某一个地区或者某一个领域，特别是在互联网经济时代，流量就是流通企业的核心竞争力，而消费者有限的时间和精力决定了流量的有限性，这最终会导致有限的流量自发向拥有更多参与者的平台汇聚。以B2C电商为例，阿里巴巴公司的市场占有率超过一半，京东集团的市场占有率高达20%以上，两家寡头公司就占据了整个B2C市场接近80%的市场份额。像苏宁集团和小米公司等虽然也建立了自己的电商平台并占据一定的市场份额，但所能够获取的流量相对于阿里巴巴和京东来说非常有限，因此这两家公司均选择通过入驻天猫商城的方式来扩大自己的销售市场。构建平台经济的同时需要通过相关法律法规约束平台经济企业的违法竞争行为，使其不至于滥用自身的垄断地位来妨碍流通体系的正常运行。

7.2.4 新技术驱动下的流通业态创新

流通业态是与经济发展水平和技术条件密切相关的，新技术引领下的经济时代变革一定会催生出大量的与新经济时代需求相契合的新的流通业态形式。根据马尔克姆·麦克内尔提出的零售转轮理论，任何一种业态组织形式在其产生阶段均以突破性创新为开端，然后在运行过程中不断完善和改进，最终会逐渐失去原有的竞争力而被新的业态形式所取代。在原世界手机巨头诺基亚公司被微软公司收购的新闻发布会上，时任诺基亚公司首席执行官说道：我们并没有做错什么，但是不知道为什么，我们输了。诺基亚公司并不是输给了同行业的其他竞争对手，而是由于没有根据时代发展的要求做出相应的变化被新的时代所抛弃，阿里巴巴集团收购国内零售巨头大润发也是相同的道理。创新是经济发展的根本驱动力，新技术驱动下的流通业态创新既是新的经济时代对流通业发展提出的客观要求，同时也是流通企业自身在创新过程中实现跨越式发展的机遇。新技术的应用通过变革原有的经济结构会催生出新的流通业态，同时新的流通业态也会在自身的发展过程中反过来促进新技术的进一步发展，同时不断完善新的经济结构，使其能够脱离原有的动力逐渐耗尽的发展轨道，进入充满增长活力和动力充沛的全新的发展轨道。特别是新技术背景下创新出来的流通业态通过对大数据、物联网、人工智能、区块链等新技术的合理应用能够在相同的有形生产要素投入情况下实现更高效的产出，改善流通效率，提升流通业的集约化水平。

7.3 提升中国流通业集约化水平的支撑体系

提升中国流通业集约化水平所需要的支撑体系包含各种复杂的影响因素，像宏观经济发展阶段、产业转移趋势特征、流通业自身发展水平、流通企业经营组织管理情况、新技术在流通业的应用以及流通新思维的普及等。本部分从产业层面、企业层面和技术层面等三个维度对提升中国流通业集约化水平的支撑体系进行论述。

7.3.1 提升中国流通业集约化水平产业层面的支撑体系

提升中国流通业集约化水平的支撑体系在产业层面上主要聚焦于对流通业总体集约化发展所面临的中国总体经济发展水平、产业转移趋势特征以及流通业自身发展水平的分析及其对提升中国流通业集约化水平所起到的支撑作用，其中中国总体经济发展水平和产业转移趋势特征是流通业集约化发展的外部支撑要素，流通业自身发展水平是流通业集约化发展的内部支撑要素。

按照流通业与经济发展水平的一般规律，一个国家或者地区的经济发展水平越高，流通业在国民经济中的地位就会越重要，其对国民经济的影响力也就会越大。自改革开放以来，特别是进入21世纪以后，在中国特色社会主义市场经济条件下，伴随中国经济社会的持续高速稳定增长以及经济体制改革的不断深入，流通业在国民经济中的地位已经不再是过去从属于第二产业的末端产业，而是整个国民经济中的先导性产业、基础性产业和战略性产业。根据配第—克拉克定理，当一国经济发展到一定阶段以后，第三产业在国民经济中所占的比重会逐渐上升并逐渐取代第二产业成为整个国民经济体系中的支柱性产业。而中国在国内生产总值方面已经跃居世界第二，在人均国内生产总值方面已经突破9000美元，无论是从总量上还是人均方面都已经达到了较高的水平，足以支撑中国流通业由过去依靠要素投入带动的粗放式增长方式向依靠全要素生产率提升带动的集约化增长方式转变。

从流通业自身发展水平来看，在流通业增加值方面，中国流通业增加值一直保持着较高水平的平稳增长态势，数据表明中国已经成为流通大国。尽管流通业增加值的多少只能反映出流通业的规模，而不能反映出流通业发展的质量，但是流通业首先依靠要素投入带动的粗放式增长方式发展到一个较高的阶段是其实现依靠全要素生产率带动的集约化发展的基础。从前述部分对中国 2002 ~ 2015 年流通业集约化水平的实证测算可以发现，中国流通业集约化发展水平尽管在地区层面存在着较大的差异，但总体上保持着高达 9.56% 的年平均增长率，这说明中国流通业在经过较长时间的粗放式积累之后已经逐渐向集约化发展的新阶段过渡。

7.3.2 提升中国流通业集约化水平企业层面的支撑体系

流通业集约化发展在企业层面的体现形式是流通企业通过各种形式将资本、劳动、技术等进行有机结合来改造自身的经营模式、管理方式、组织结构等，使企业能够逐渐形成规模经济效应和技术经济效应，提高企业运行效率，进而获得更高的单位投入下的经济效益。

伴随经济社会的发展，整个社会的生产力得到了极大的提升，经济体系已经由原有的商品短缺的卖方市场转变为生产能力过剩的买方市场。在商品短缺的卖方市场上，由于产品整体上处于供不应求的状态，生产企业最核心的问题是通过不断扩大产能来提高企业的经济效益，流通企业和消费者都只能被动接受生产企业的产品，生产企业的生产对流通企业的商品流通起到主导性作用，流通企业在商品流通体系中并不具有话语权。当经济体系由商品短缺的卖方市场转变为生产能力过剩的买方市场以后，整个经济体系呈现出整体性的生产能力过剩的情况，生产企业如果无视市场真实需求信息而盲目扩大产能将会导致产品滞销的现象出现，这使得生产企业不得不寻求与流通企业的合作，并逐渐将市场话语权逐渐让渡给与之相关的流通企业和消费者。作为连接生产企业和消费者之间的中间纽带和桥梁，流通企业能够将处于不断变化中的市场需求信息即时高效地传递给生产企业，引导生产企业进行需求导向性的生产，提高供给与需求之间的匹配度，形成供给与需求之间的长期高效均衡对接机制，减少由资源错配带来的无谓浪费。

特别是在新技术驱动的互联网经济时代，对消费者的个性化和多元化需求的精准发掘显得尤为重要，而流通企业相对于生产企业而言可以获得更丰富、更直接和更真实的市场真实需求信息，特别是一些大型电商平台企业可以通过自己的电商平台直接获得关于消费者的消费习惯、地域差异、喜好差异等大数据信息，通过对大数据的深度处理来获取消费者需求的有用信息，然后将这些信息反馈给相关企业以引导其生产行为，实现对消费者需求的精准对接。互联网、大数据、物联网、人工智能、区块链等新技术的应用和普及为流通企业实现集约化发展提供了机会，这些新技术的应用提高了流通企业的精细化和专业化程度，降低了流通企业的运营成本，变革了原有的经营组织方式，改造了传统的盈利模式，改善了流通企业的运营效率，最终提高了流通企业的集约化水平。

7.3.3　提升中国流通业集约化水平技术层面的支撑体系

大数据、物联网、云计算、区块链、人工智能等新技术的应用和普及对整个社会经济体系产生了革命性的影响，新的技术革命革新了整个市场经济运行体系，变革了流通业的流通职能以及消费者思维，再造了流通组织结构，并催生出与新的经济时代相适应的全新业态。流通业集约化在创新层面的支撑系统可以具化为流通企业的业态创新和盈利模式创新。

新的技术革命为业态创新提供了技术支撑条件。业态创新是在新的经济环境下，借助于各种新技术的应用和普及，流通企业为适应技术革命对市场结构和消费者的改造而做出的适应性的调整和变革。流通企业的业态创新主要分为两个阶段：第一个阶段是在互联网的应用逐渐得到普及的驱动作用下，流通业逐渐催生出B2C、B2B、C2C、F2R等各种各样的电子商务新业态。这些依靠新业态而得以迅速成长起来的新型流通企业凭借自身对原有流通格局的优化和效率提升实现了自身市场占有率的提升，像阿里巴巴集团、京东集团等均已成长为全国性的巨型寡头流通企业。第二个阶段是线上流通企业和线下流通企业的深度融合阶段。目前流通企业线上和线下的融合主要由线上流通企业主导，这是由于相对于传统的线下流通企业，新型的线上流通企业拥有更多的技术优势和效率优势，其在线上线下的融合方面更容易顺应市场需求的变化，提高整个流通企业的运行效率，进而提升整个流通业的集约化水平。

新的技术革命带来新技术的普及和应用不仅仅是提供了创新的技术支撑体系，同时还通过技术革命变革了市场参与者的思维方式。流通企业的盈利模式创新是指在新的互联网经济时代，消费者思维发生了转变，消费者对低价优质的商品和服务的购买意愿更加强烈，而流通企业为获得消费者而转变原有的盈利模式将原本由消费者承担的价格转嫁给其他市场参与者的新型盈利模式。流通企业盈利模式创新的主要实现形式是价格交叉补贴，其实质是流通企业的思维创新。对于具有典型性双边市场属性的流通企业，通过价格交叉补贴降低消费者对商品和服务的支付成本能够激发消费者的购买意愿，同时通过对消费者的获取能够提高流通企业在其他方面的竞争力。前述已经详细说明，价格交叉补贴的形式主要有同一消费者价格交叉补贴、同类异群消费者价格交叉补贴和异类价格交叉补贴，无论是何种形式的价格交叉补贴，其最终目标都是通过激发消费者的购买欲望来提升整个市场的消费能力。新技术驱动下的流通企业的盈利模式创新在挖掘消费、扩大市场方面具有重要的促进作用，同时其盈利模式创新所采用的价格交叉补贴等具体形式将流通企业、生产企业、供应商和消费者等市场参与者有机地整合到一起，实现了商品价值在各市场参与者之间的再分配，进而优化了整个流通体系的运行效率，最终提升了整个流通业的集约化水平。

7.4 中国特色社会主义流通体系的内涵与顶层设计思路

7.4.1 中国特色社会主义流通体系的内涵

中国特色社会主义流通体系，准确地讲，应该是中国特色社会主义市场经济体制下的流通体系。那么，什么是中国特色社会主义市场经济体制下的流通体系呢？本书认为至少应该体现以下三个方面的含义：

第一，中国特色。所谓中国特色，实际上就要立足中国国情，立足于中国的历史情况和现实状况将问题具体化、中国化。从历史和现实情况来看，中国的国情决定了流通体系的中国特色体现在这样几个方面：

一是大国特征。中国是当今世界人口大国、面积大国、经济大国和贸易大国，这一大国特征决定中国特色的流通体系建设的重要性，决定了中国特色流通体系建设的复杂性，同时也决定了国内贸易相对重要性的提高和对外贸易相对重要性的降低。二是多元特征。由于自然条件和经济条件的影响，中国经济发展呈现多元结构的特征，城乡二元经济结构和东中西部经济发展的不均衡短期内还难以完全消除，相应地，中国的流通体系建设需要与中国目前的经济发展状况相适应，能够起到促进经济发展和优化经济结构的作用，也必定要求具有多元化的特征。三是体制特征。由于多种因素的影响，中国的商品流通管理体制曾经一分为多，至今也没有完全理顺，各个管理部门之间职权范围划分不明确，同时还存在中央与地方、地方与地方之间管理部门纵向协调统一问题，导致多头管理与管理缺位问题并存的局面，尤其是在地方，表现更为突出。四是中华文化特征。中国是世界闻名的四大文明古国之一，如今又在加强中华文化建设。商品流通作为传播商业文明的重要通道，在建设中国特色的流通体系过程中，应该充分体现中华文化和中华文明的特征，从中华传统文化中汲取有助于市场经济发展和构建中国特色社会主义流通体系的成分，更加突出流通体系中的国家个性和民族特性。五是战略特征。与大国特征相适应，中国特色的商品流通体系必须考虑战略属性。这是因为，作为一个大国，所要面临和承担的国内、国际形势和问题都更加纷繁复杂，国家经济和政治安全问题更加突出，无论是维稳，还是办大事情，都必须要有一些重要商品的战略储备做支撑，如此在国际政治经济舞台上才能增强竞争力和影响力，才能获得更多的话语权和主动性。因此，中国特色的商品流通体系必须包含战略储备体系。

第二，社会主义性质。中国特色社会主义流通体系必须体现社会主义性质。社会主义改造完成后到改革开放以前这段时期，中国商品流通的社会主义特性表现得非常突出，甚至有些过头，国有商业一统天下，其他性质的商业企业或被改造，或被取缔，这种矫枉过正的做法严重抑制了市场活力。改革开放之初，在客观总结中国过去几十年经济建设经验和教训的基础上，在“三多一少”流通体制改革目标的指引下，中国商品流通的社会主义性质逐渐淡化。后来随着整个经济体制改革的不断深入和流通体制改革的不断加快，尤其是受到理论界普遍认为国有商业应该从竞争性行业当中全部退出的影响，今天中国商品流通的社会主义性质逐渐弱化。以批发零售企业所有制结构为例，2011 年，大陆地区限额以上批发零售企业中，国有企业所占比重只有 5.5%，集体企业所占比重为 2.8%，而个体、私营和外资等其他经济成分所占比重已达 91.7%。由此可见，最能够体现社会主义性质的公有制商业在我国商品流通领域已经处于边缘状态。既然我们建设的是中国特色的社会主义流通体系，就应该坚持社会主义性质。为此，可以突出以下四个方面：一是保留适当比例的国有商业成分，这是中国特色社会主义流通体系中对于社会主义性质最直观的体现，同时也是中国特色社会主义流通体系的基础性构成。二是加强公益性流通基础设施建设和流通市场的建设，为所有流通体系参与主体减轻基础性投资压力，间接降低市场进入门槛，增加流通市场的竞争，以体现社会主义的优越性。三是强化流通企业的社会责任，让各类流通企业更多地承担社会责任，让流通企业在追求自身利益的同时能够自觉促进和维护集体利益和社会效益，做到流通企业经济效益和社会效益的统一。四是坚持政府对流通领域的宏观调控，市场化并非完全“放任自流”，政府需要在宏观上保持对流通领域的把控和调控能力，建立健全相关规章制度，正确引导微观流通企业的市场化行为，同时要对具有战略意义的重点商业领域、重要流通渠道保持绝对的把控，这既是经济需要，更是政治需要。

第三，市场化方向。今天中国特色的社会主义流通体系是在社会主义市场经济体制下进行建设，因此，中国特色的社会主义流通体系的建设必须坚持市场化方向，按照市场经济规律办事，充分发挥市场的基础性作用，以降低流通运行成本和提高流通效率为导向，建立开放、竞争有序的流通秩序。保证国有、集体、私营、个体、外资等各种所有制形式的流通企业在公平、公正、透明的统一市场平台上展开竞争，实现各种所有制形式的流通企业之间的良性竞争和共同发展。过去，由于对市场化的认识不足，盲目而武断地让国有、集体性质流通企业退出市场，这相当于剥夺了这些企业在市场经济条件下公平竞争的资格，违背了市场化的实质。因为承担了稳定市场秩序、缓解就业压力等更多的社会责任，实际上这两类所有制性质下的企业在竞争中本身就是处于比较弱势的地位，当然行政性垄断企业和资源型垄断企业另当别论。坚持市场化方向本身和企业的所有制性质是没有关联的，关键是市场秩序和市场体系的建立和完善。与此同时，我们要充分重视扶持私营和个体所有制结构下的中小微流通企业，它们是流通体系的主体，它们是保障市场活力的中坚力量，它们也是流通领域体制机制创新的排头兵。对中小微流通企业的扶持本身就是给予其公平竞争的机会，是对流通秩序的优化，因为其不管是在资金、渠道、信息资源等方面都相对弱势，在一定程度上竞争力有限，不加以扶持很容易在竞争中退出市场，从而改变流通领域的市场结构，最终导致市场秩序的无序化。祝合良提出，要在国家层面制定相关支持政策支持流通业自主品牌建设。

7.4.2　中国特色社会主义流通体系顶层设计思路

7.4.2.1　战略定位

从流通体系的中国特色、当今世界经济争夺的重点集中在流通领域这一客观现实、流通地位的变化等方面来看，中国政府必须从战略高度充分重视中国特色社会主义流通体系建设。首先，从流通体系的中国特色来看，中国特色社会主义流通体系的中国特色的特征之一即为战略特征，这是与大国特征相适应而存在的，也从根本上决定了中国特色社会主义流通体系的战略地位。其次，从当今世界经济争夺的重点集中在流通领域这一客观现实来看，随着商品经济的发展，世界各主要国家经济早已先后告别过去“供不应求”的商品卖方时代进入“供求不平衡”的买方时代，在这种情况下，流通的作用日益增加，哪个国家在流通领域的布局越科学合理，流通体系越完善，其国际竞争力越强，其经济发展越有优势。最后，从流通地位的变化来看，市场经济是以流通为主导的经济，中国特色社会主义市场经济需要流通体系作为重要的支撑，国家将流通产业定位为基础性产业、先导性产业，中国特色社会主义流通体系建设是整个国家经济发展的全局性问题。

7.4.2.2　建设宗旨

中国特色社会主义流通体系建设应该以惠民生、促生产、扩内需为宗旨。改善民生是坚持中国特色社会主义的中国经济发展的根本出发点和落脚点，而中国特色社会主义流通体系是中国特色社会主义市场经济体系的重要组成部分，其建设和发展要顺应并服务于整个市场经济体系。同时，市场流通是整个经济体系中连接生产和最终消费的桥梁，在整个经济体系中起到节拍器和晴雨表的作用，流通体系建设必须要能够有效地促进生产以及扩大需求，只有如此才能体现出流通体系建设自身的必要性和积极影响，特别是在两者之间实现商品和信息的高效传输，解决供需不平衡等问题，进而从根本上优化整个经济体系的市场结构，最终实现整个经济体系的高效率运行。

7.4.2.3 时代特征

中国特色社会主义流通体系建设应该成为实现中国梦的重要载体。经过改革开放以来几十年的长期稳定高速发展，中国已经取得了举世瞩目的经济发展奇迹。从经济总量上来看，中国已经成了世界第二大经济体，中国在世界经济政治舞台上发挥着愈发重要的影响。我们在看到这一令人无比振奋的成就的同时也应该理性客观地看到，中国在经济建设方面距离真正的世界一流水平还有一定的距离。习近平总书记指出，实现中华民族伟大复兴的中国梦需要凝聚全国力量，万众一心，众志成城。在中国经济新常态下，各生产制造行业面临转型升级，内需潜力需要不断激活，流通领域的发展在其中发挥着无可替代的作用，中国特色社会主义流通体系的建设应该也必须要成为实现中国梦的重要载体。从国际形势来看，世界各主要国家还未能从经济危机中完全走出来，或者说有些国家又面临新的危机。在全球经济一体化趋势下，没有任何一个开放的国家能够完全不受国际形势的影响而独善其身，这也意味着每一个国家都有责任和义务为了实现整个世界的和平发展而努力，能者多干，贤者多劳，大国要肩负更多的责任。相对于中国制造业的对外发展，中国流通领域发展的相对滞后，阻碍中国企业与国外市场、国外消费者直接对接，这严重制约了中国“走出去”战略的发展步伐，制约了中国市场与国际市场的融合。中国特色社会主义流通体系要立足中国，放眼世界，不仅仅是实现中国梦的重要载体，更是衔接世界梦的重要载体。

7.4.2.4 建设主线

1. 坚持中国特色

从流通体系的中国特色来看，中国特色社会主义流通体系建设应该特别注意以下几个方面：首先，要统筹安排，因地制宜，科学发展，不搞“一刀切”，坚持人性化和多元化发展方向。其次，以振兴中华老字号为抓手，推动商业文化和品牌建设，弘扬中华商业文化。最后，进一步加强全国流通业的合作和融合，早日实现中国统一的大市场。

2. 处理好政府与市场的关系

中国特色社会主义流通体系的建设必须正确处理好政府与市场的关系。为此，要着力做好以下几点：第一，要逐步完善商品流通管理体制，发挥政府调控作用和监管作用。第二，要重点建设一批具有国际竞争力的国有流通企业以作为政府调控市场的重要抓手。第三，要加强流通领域法治建设，维护良好的社会秩序。第四，以市场和效率为导向，促进流通体系健康发展。

7.4.2.5　建设重点

1. 以新型城镇化建设为契机，加快城乡一体化流通体系建设

新型城镇化与传统城镇化的本质区别在于，它不再是过去那种主要依靠工业化的发展来带动整个城市粗放型发展的模式，而是更加重视集约发展，更加关注城乡的协调统一发展，在发展中坚持以人为本，同时也是生态友好型的发展模式。新型城镇化建设不单是农村富余劳动力向城市转移的过程，更是将农村农耕经济转变为现代经济的过程。仇保兴指出，新型城镇化建设主要包含六个方面的转型：一是由城市优先发展的城镇化向城乡互补协调发展的城镇化转型。二是由高耗能的城镇化向低耗能的城镇化转型。三是由数量增长型的城镇化向质量提高型的城镇化转型。四是从高环境冲击型的城镇化向低环境冲击型的城镇化转型。五是由放任式机动化的城镇化向集约式机动化的城镇化转型。六是由少数人先富的城镇化向社会和谐的城镇化转型。在这一转型过程中，相对于工业、农业，流通产业具有天然的发展优势，其低耗能、高质量、污染少、集约化的特点得到充分的释放，也为工业、农业的现代化转型升级提供了发展平台。新型城镇化的建设必然要求加快城乡一体化流通体系建设，也只有加快城乡一体化流通体系建设，才能更好推动新型城镇化建设的发展。因此，城乡一体化流通体系建设要以新型城镇化建设为契机，充分发挥自身发展优势，实现两者之间的互动协调发展。

2. 大力加强公益性流通设施和市场建设

中国特色社会主义流通体系的建设是中国特色社会主义市场经济体

制的重要组成部分，其必然要以市场化为基础，发挥市场的基础性调节作用。无论是从理论研究还是现实经济发展历程来看，完全自由放任的市场经济最终都会导致产业结构失衡、区域发展不均衡、市场失灵、周期性经济危机等问题，市场经济本身无法解决市场中产生的所有问题。像法国等发达国家的主要流通产品市场都是由国家出资建设，且其首席运营官都是国家公务人员，这说明即使是自我标榜市场化程度很高的西方发达国家也不会将所有经济问题交给市场。吴国华认为，中国流通基础设施体系建设现在已失去公益性，过度市场化和商业化开发等问题普遍存在。应该认识到，流通基础设施和流通市场具有一定的公益性建设，如果过度市场化和商业化，会导致少数企业形成对流通基础设施和流通市场的垄断。从短期看，政府可能节约了建设成本，提高了运营效率；从长期看，少数企业的垄断会逐渐侵蚀流通领域的上下游市场，妨碍市场的正常竞争，形成强大的市场垄断势力，使大部分中小型流通企业处于竞争劣势地位，失去话语权，其长期损失不可估量。在中国特色社会主义流通体系建设的过程中，要具有全局性、前瞻性、战略性的发展眼光，要能够明确区分出政府和市场的关系，应该交给市场的要坚决交给市场，不应该交给市场的绝对不能盲目市场化。流通基础设施和市场建设具有一定的公益性属性，可以在适当范围内给予有资金、有实力、有渠道的大型流通企业适当程度的建设自主权以保证市场活力，同时更要从全局性经济建设角度出发，大力加强公益性流通基础设施和市场建设。

3. 进一步加强关系国计民生商品储备体系的建设

流通产业与工业、农业有所不同，其自身发展既离不开生产者也离不开消费者，这决定了流通产业的社会性。其社会性意味着商品流通体系的波动将比其他产业波动给社会带来更多的社会影响，比如农产品的“买贵卖贱”将波及几亿的农产品种植户和普通农产品消费者，过大波动不仅会造成很大的社会负面影响，甚至于会影响到社会稳定问题。此外，一些像石油、化工产品等具有国家战略储备意义的战略物资的流通会对一国的发展战略造成重大影响。在全球经济一体化趋势下，各国之间的竞争是一种全方位的竞争，如果一国战略物资流通体系不完善，流通渠道不畅通，其在国际竞争中必然受制于人，使国家在政治经济等方面的对外协商谈判中处于被动地位。特别是对于实行中国特色社会主义的中国，所面临的国际形势愈加复杂，更应该保证内部流通体系的完善和流通渠道的畅通。不论是从国内经济稳定发展还是从国际市场政治经济竞争需要角度，都要求大力加强关乎国计民生商品的储备体系建设。中国长期以来对此一直高度重视，但是国际国内形势发展变化较快，科技创新带来的新一轮科技革命不断冲击旧有格局，中国也要不断与时俱进，引领未来世界发展潮流，进一步加强关乎国计民生的商品储备体系建设。

4. 进一步加强农产品、工业品、生产资料和废旧物资流通体系建设

农产品流通体系、工业品流通体系、生产资料流通体系和废旧物资流通体系是整个流通体系建设中相互并行的四大流通体系。洪涛在《中国特色创新流通体系构建及完善》一文中指出，生活服务流通体系、信息服务流通体系、商务服务流通体系与上述四大流通体系共同构成现代流通的横向体系。在其论述中，将废旧物资流通体系称为再生资源流通体系，本书认为废旧物资相较于再生资源更全面，因为即使是不可再生的废旧物资也必然不能随意处置，仍然需要一定的回收处理，否则将对生态环境构成很大的隐患和威胁，这在中国环境友好型社会建设过程中是绝对不容许出现的。整个流通体系是商品流通、信息流通和服务流通的综合体，在这三种流通构成中，与其他三类流通体系不同，农产品、工业品、生产资料和废旧物资四大流通体系均具有商品流通属性，其所涉及流通物资更加具体明确，在经济活动中表现得也更加直观，其是整个流通体系中最基础最根本的组成部分。在整个流通体系建设中，要首先保证农产品、工业品、生产资料和废旧物资四大流通体系的建设。

5. 进一步加强流通体系现代化建设

流通体系的现代化是指在中国特色社会主义市场经济体制下，以现代先进科学技术为依托，以科学的现代组织形式和管理方式为框架，促进流通体系内部各部分之间的协调统一，保质高效地组织流通体系中的商品流通、信息流通和服务流通等。上一部分已提到，现代流通的横向并行体系包括农产品流通体系、工业品流通体系、生产资料流通体系、废旧物资流通体系、生活服务流通体系、信息服务流通体系、商务服务流通体系七大流通体系。从流通属性来区分，前四大流通体系属于商品流通，信息服务流通体系属于信息流通，生活服务和商务服务属于服务流通。前四大流通体系是整个流通体系的基础，但流通体系的现代化的发起点更多来源于信息流通和服务流通。现今科学技术发展日新月异，消费者的消费需求不断变化，这对流通领域提出了更高的要求，要借助于现代科技不断发展变革流通组织形式、流通经营方式、流通渠道构架，同时提高流通速度。一切生产最终都需要通过消费来实现其价值，这是市场经济的特性。如果一种商品或服务在生产出来以后未能及时流通到消费者最终消费层面就已经因消费者需求的改变而失去价值，这必然不符合中国资源节约型社会建设的发展方向，并导致社会资源的无谓浪费。现在，在中国的一些经济发达地区已先后出现了智能市场、智能商店、智能物流体系等现代智能流通方式，但其还仅限于较小区域内，有些还只是处于试验阶段。应该说，流通体系的现代化建设是一个随科技发展而动态变化的建设过程，中国应该从宏观层面和微观层面同时推进流通体系的现代化，使流通体系的建设与整个国家经济建设目标和发展方向相一致，协调同步发展。

第 8 章　结论与展望

8.1　主要结论与建议

本书从理论和现实两个层面对流通业集约化问题进行了综合性、系统性的梳理和分析。首先，通过构建一般均衡分析模型和博弈模型，从流通业总体和微观企业视角分别揭示出流通业集约化的稳态条件、影响因素、演进动因以及流通业集约化在微观企业层面的动力机制。其次，结合目前正在发生的技术革命的内涵和特征，具体阐述新的技术革命对流通业中的市场、流通职能、消费者思维的革新及其对流通组织结构和业态的再造。再次，借助于流通业集约度的计算公式和基于 DEA 的 Malmquist 指数分析方法，采用中国流通业的具体统计数据测算出中国流通业的集约化水平，并在此基础上通过系统 GMM 动态面板数据分析方法对影响中国流通业集约化的因素进行实证分析。最后，结合前述分析，从理论和现实层面给出中国流通业集约化发展的现实路径选择的依据，在此基础上，总结出提升中国流通业集约化水平的现实路径，并且从产业层面、企业层面和技术层面三个角度对中国流通业集约化的现实路径的支撑体系进行系统梳理。总体上，本书的结论和建议有以下几点：

第一，本书通过严谨的数理推导，从流通业总体和微观流通企业视角剖析了流通业集约化的核心演进动因。通过对流通业总体层面的一般均衡分析可以得出，流通业集约化水平最重要的影响因素是全要素生产率，但同时还会受到劳动、资本等有形生产要素投入的影响，前者与流通业集约化水平之间的关系是正向相关关系，后者与流通业集约化水平之间的关系是反向相关关系。从对流通企业的博弈分析结果中可以发现，流通业集约化在企业层面体现为流通企业的效率，而流通企业的效率取决于流通企业对商品匹配状态的关心程度。流通企业对商品匹配状态的关系程度受到其自身在两种不同的商品状态下的效用和成本差值、生产企业支付给流通企业的佣金以及商品购买频次等因素的影响，而且上述影响因素均与流通企业的效率正相关，即与流通业的集约化水平正相关。从理论分析结果看，提升中国流通业集约化水平的核心方式是提高流通业的全要素生产率，同时需要采取政府监管、舆论监督、流通企业自身信息公开透明化等措施提高流通企业对商品匹配状态的关心程度。

第二，第四次技术革命通过大数据、人工智能、云计算、物联网等新技术向传统流通业赋能，引起流通业前所未有的变革和重构。第四次技术革命通过信息化和智能化的新技术的广泛采用使得交易的物理时空分离变成可能，在交易场所、交易时间、产品品类、交易速度、中间环节等方面全面革新了市场的概念和边界。第四次技术革命带来的产业融合、个性化定制、网络一体化、生产要素转变等使流通业的功能发生了根本性的变化，流通业逐渐由简单的中介功能向引导生产、刺激消费、集成服务、创新驱动等功能转变。技术革命使消费者形成了免费、共享、共创、跨时空消费等新思维。技术创新驱动下的技术革命优化、重塑和再造了流通业的组织结构和业态形式。互联网、物联网、大数据、区块链等新技术的应用彻底变革了流通业原有的贸易格局、配送体系、支付体系、供应链体系和信用环境等，使整个流通业的组织结构发生了根本性的变化，同时一批依托新技术、顺应新时代需求的流通新业态在全新的市场环境中不断涌现并迅速蚕食传统流通业态的市场份额，在新旧业态的碰撞中优胜劣汰并推进整个流通市场的不断壮大。新的技术革命使流通业发生了史无前例的深刻变革，提升流通业集约化水平应该以新技术的应用为基础，顺应新技术时代发展需要，积极拥抱新技术，加大技术研发投入，同时重视对技术应用场景的探索和发现，不断优化流通业产业结构，改善流通效率，提升流通业集约化水平。

第三，从全国层面来看，在考察期内，中国流通业集约化水平总体上保持着较为强劲的增长态势，年平均增长率高达 9.56%。通过对流通业集约化水平的影响因素进行实证检验发现，流通业集约度与政府参与、企业家精神、基础设施水平正相关，与城镇化水平、技术进步、信息化水平负相关。技术进步的影响系数非常小且不显著是因为技术进步本身在实际经济活动中彻底发挥其作用往往需要较长的时间，短期的影响较为有限，特别是全国样本中各地区的情况差别比较大，对原本就有限的影响起到了一定的中和抵消作用。政府参与对流通业集约度的带动作用非常明显，其每增加一个百分点会提高流通业集约度 4.85 个百分点，这说明中国流通业的发展对政府参与的依赖程度还比较强，政府可以通过采取积极的刺激政策来提高流通业集约度。城镇化水平与流通业集约度负相关：一是因为在考察期内，中国全国层面城镇化水平的提高速率明显快于流通业集约度；二是因为新的技术革命具有一定的反城镇化特征，原有的时空约束被打破，流通业在城市和农村之间的流通效率差距不断缩减。企业家精神与流通业集约度之间显著正相关，这反映了企业家精神在现代流通业发展中的重要作用，特别是相对于其他行业而言，流通业属于国有企业参与度较低、企业家群体最活跃的行业之一，像阿里巴巴集团、京东集团等新电子商务企业已经成为推动中国流通业变革发展的重要驱动力量。从互联网经济时代的特点来看，信息化水平在一定程度上可以视为基础设施，之所以将其单独列出来是将其与传统意义上的基础设施进行区分，其对流通业集约化的影响与基础设施类似，得益于中国信息化水平在过去十几年里取得的长足进步，其已经从制约流通业集约化发展的重要因素退居到相对次要的位置。

第四，从地区层面来看，在考察期内，中国流通业集约化发展的区域差异非常明显，各地区流通业集约化水平的主要影响因素也存在着较大差异。在全要素生产率略高于中西部地区的情况下，东部地区集约化程度的增长率远低于中西部地区，主要是由于相对于全要素生产率对流通业发展的贡献而言，东部地区流通业的有形生产要素投入更多，对流通业发展的相对贡献更大，也客观反映出东部发达地区和中西部欠发达地区在要素资源投入上的巨大差距。东部地区的技术进步对中西部地区流通业集约化发展起到了一定的技术外溢性，推动了中西部地区流通业的集约化发展；东部地区和中部地区在资金和人才方面对政府财政支出和农村转移人口的依赖性比较低，这两个地区比西部地区拥有更丰富的融资渠道和更广阔的人才供应市场；东部地区和中部地区支撑流通业集约化发展的基础设施和信息化水平等保障性因素已经较为完备，西部地区在这些方面的制约非常明显。从上述分析中可以发现，东部地区发展流通业集约化的着力点应该主要是更加偏向于市场的技术进步和企业家精神。而西部地区现阶段发展流通业集约化的重心应该以政府参与为主导，通过政府财政资金支持不断推进自身基础设施建设，同时培育成熟和健全的流通市场，进而提高对人才和资本的吸引力，形成该地区流通业的规模效应。中部地区的情况介于东西部地区之间，其一方面应该通过市场机制在技术和市场活跃度上追赶东部发达地区，同时还应该采取一定的政府参与来弥补无法通过市场机制有效改善的资本和人才方面的差距。

第五，提升中国流通业集约化水平既有充分的理论依据和现实依据，同时又在产业层面、企业层面和创新层面均具有较为完备的支撑。提升中国流通业集约化水平的实现路径主要有以下四个方面：供应链的整合和再造、流通组织结构优化和重构、基于双边市场理论的平台经济的构建和完善、新技术驱动下的流通业态创新。目前的经济时代已经由传统的工业经济时代过渡到互联网经济时代，流通业发展的主要驱动力也由要素投入驱动转变为技术驱动，新技术的广泛应用在一定程度上消除了原有流通体系中普遍存在的信息不对称、时空约束性等问题，整个商品和服务的流通的传导机制随之改变，供应链上下游之间参与者的信息传输效率得到有效提升。流通企业应该凭借自身对渠道资源的控制能力和对消费者需求的精准发掘来逆向整合供应链，流通业对供应链逆向整合的过程同时也是实现自身职能转变基础上的供应链再造的过程。流通组织结构的变革路径主要有两种：一种是对原有流通组织进行相应的结构优化；另一种是重构整个流通组织结构。现实经济中，这两种变革路径并不是完全对立的，往往是同时进行并在各自独立发展的基础上实现一定的融合发展，在良性互动中推动整个流通组织结构的优化和重构。基于双边市场理论，平台经济是发挥流通业双边市场特征并引领提升整个流通体系效率的重要组成部分，应该积极推动平台经济的构建和完善，同时需要通过相关法律法规约束平台经济企业的违法竞争行为，使其不至于滥用自身的垄断地位来妨碍流通体系的正常运行。新技术背景下创新出来的流通新业态通过对大数据、物联网、人工智能、区块链等新技术的合理应用能够在相同的有形生产要素投入情况下实现更高效的产出，改善流通效率，提升流通业的集约化水平。在鼓励流通业态创新方面，应该综合运用政府、市场、社会等多方面的力量，政府应该以开放包容的思想积极引导和扶持流通新业态的发展，简化审批流程，降低市场准入限制。建立健全流通市场，鼓励社会各界人士参与流通新业态的创新，为市场参与者提供必要的资金和技术支持，同时建立相关的创新保障机制，降低流通新业态创新的风险。社会应该摒弃原有的部分传统守旧的思想，积极接纳新生事物，给予流通新业态以正确的认识，给予流通新业态创新参与者以应有的理解和尊重，使其创新土壤更富有活力和生机。

8.2　研究展望

本书结合已有的成熟的经济理论，对中国流通业集约化问题从理论层面和现实层面进行了系统而深入的分析，取得了一些有价值和意义的研究成果，但是限于个人研究能力、精力、所获取的相关资料等各方面的原因，仍然有很多与本书紧密相关的重要问题在研究中未能涉及或者深入展开，还需要对这些问题进一步展开研究，力求更加全面系统地认识中国流通业集约化问题，以便于引导中国流通业集约化水平的提升。本书的不足之处和需要进一步展开的问题主要有：

第一，限于各国流通业相关数据的可得性，本书主要聚焦于中国流通业集约化问题的研究，而没有进行流通业集约化的国际比较研究。在接下来的研究中，可以选取一些在国际上富有代表性的国家，对其流通业集约化水平进行研究并与中国流通业进行对比，探讨不同国家流通业集约化水平的差异及其产生根源，以及提升中国流通业集约化水平的改进措施。

第二，本书在研究中国流通业集约化问题时没有进一步研究流通业集约化与其他行业发展之间的互动关系和影响。实际上，根据投入产出分析方法，经济体系中的各个行业彼此之间都存在着一定的关联效应和波及效应，流通业集约化也必然会受到其他行业的影响，但是目前研究各行业之间集约化发展的互动影响的在理论逻辑和实证验证方面均存在着较大的困难，这也是进一步深入研究流通业集约化问题所需要面对的重要难点。

第三，本书将研究重点集中在对中国流通业的集约化，而没有进一步展开讨论中国流通业的集约化与流通业的现代化、信息化、标准化、品牌化、国际化等其他紧密联系的问题之间的关系。要全面认识中国流通业，科学指导中国流通业的发展，应该将中国流通业的集约化与流通业的现代化、信息化、标准化、品牌化、国际化等其他紧密联系的问题结合起来，进而得到更具有现实指导意义的研究结论。

参考文献

[1] 马克思．资本论（第2卷）[M]．北京：人民出版社，1975.

[2] 陈建中．中国流通经济体制改革新探［M]．北京：人民出版社，2014.

[3] 黄国雄．流通新论［J]．商业时代，2003（4）.

[4] 纪宝成，李陈华．对中国流通产业安全的几点认识［J]．经济理论与经济管理，2012，31（1）.

[5] 刘国光．推进流通改革，加快流通业从末端行业向先导性行业转化［J]．商业经济研究，1999（1）.

[6] 陈作军，罗茂琳．公司化：农业产业化的核心［J]．江汉论坛，1997（4）.

[7] 陈岳．集约化经营［J]．市场经济管理，1996（4）.

[8] 许祖东．简论集约经营［J]．中州大学学报，1997（4）.

[9] 王辛野．钢铁工业固定投资工作应注意把握的几个准则［J]．中国冶金，1997（4）.

[10] 张井．商业从粗放经营向集约经营转变的特点［J]．商业经济研究，1997（5）.

[11] 傅贤治．论企业集约经营［J]．中国工业经济，1997（5）.

[12] 卢正兴．我国21世纪的兽医和兽医科学［J]．中国兽医杂志，2000（1）.

[13] 袁斌昌．略论企业集约化经营方式及战略选择［J]．湖北大学学报（哲学社会科学版），2002（1）.

[14] 周勇．企业物流管理的趋势思考［J]．商业研究，2002（6）.

[15] 孙锵．中石化公司销售企业的发展战略分析［J]．现代管理科学，2004（1）.

[16] 林文益．经济增长方式转变与流通业的集约化经营［J]．南

方经济，1996（10）.

［17］林文益．经济增长方式的集约化与我国商品流通部门的集约化经营［J］．经济理论与实践，1996（6）.

［18］任仲祥．提高流通领域的组织化程度，实现流通领域的集约化经营［J］．现代财经，1997（4）.

［19］王冬生．中国金融市场发展与经济增长［D］．重庆：西南大学，2007.

［20］汪兆琪．现代流通方式的变革——基于第三方物流的视角［J］．经济体制改革，2003（4）.

［21］石明明，张小军．流通产业在国民经济发展中的角色转换：基于灰色关联分析［J］．财贸经济，2009（2）.

［22］洪涛．中国的流通产业：不容忽视的基础产业［J］．宁波职业技术学院学报，2003（5）.

［23］蔡进．发展内贸流通，促进社会经济转型升级［J］．中国流通经济，2015（2）.

［24］宋则，赵萍．商贸流通服务业影响力实证分析——“十一五”期间商贸流通服务业影响力研究［R］．北京：中国采购发展报告，2008.

［25］黄国雄，马龙龙，刘勇．论商业的产业地位及对劳动力就业的贡献［J］．商业经济与管理，1998（3）.

［26］王俊豪．对我国流通产业市场竞争度的探讨［J］．中国流通经济，2000（2）.

［27］陈文玲，路志凌，刘勇．重新认识中国商业的地位和作用［J］．管理世界，1999（3）.

［28］洪涛．降低流通成本、提高流通效率的路径选择［J］．中国流通经济，2012（12）.

［29］赵德海，邵万清．对流通地位的再认识［J］．哈尔滨商业大学学报（社会科学版），2004（1）.

［30］曹金栋，杨忠于．关于流通业战略性地位的理论探讨及对策分析［J］．经济问题探索，2005（2）.

［31］刘子峰．论流通产业的战略性地位［J］．财贸经济，2004（2）.

[32] 杨宜苗. 试论流通产业的贡献 [J]. 财贸经济, 2005 (2).

[33] 王德章, 宋德军. 流通业促进城市经济发展的实证分析 [J]. 财贸经济, 2007 (12).

[34] 赵萍. 流通产业影响力实证研究 [J]. 商业时代, 2007 (17).

[35] 赵凯, 宋则. 商贸流通服务业影响力及作用机理研究 [J]. 财贸经济, 2009 (1).

[36] 祝合良, 李晓慧. 扩大内需与我国流通结构调整的基本思路 [J]. 商业经济与管理, 2011 (12).

[37] 荆林波. 中国流通业效率实证分析和创新方向 [J]. 中国流通经济, 2013 (6).

[38] 郭守亭, 俞彤晖. 中国流通效率的测度与演进趋势 [J]. 北京工商大学学报 (社会科学版), 2013 (6).

[39] 陈宇峰, 章武滨. 中国区域商贸流通效率的演进趋势与影响因素 [J]. 产业经济研究, 2015 (1).

[40] 陈耀庭, 戴俊玉, 管曦. 不同流通模式下农产品流通效率比较研究 [J]. 农业经济问题, 2015 (3).

[41] 王晓东, 王诗桪. 中国商品流通效率及其影响因素测度——基于非线性流程的 DEA 模型改进 [J]. 财贸经济, 2016 (5).

[42] 崔向阳. 对马克思流通理论的新认识 [J]. 商业研究, 2005 (15).

[43] 李庆文. 马克思流通理论与西方流通理论的比较研究 [J]. 改革与开发, 2010 (14).

[44] 王先庆, 房永辉. 流通业成为"先导性产业"的约束条件和成长机制 [J]. 广东商学院学报, 2007 (6).

[45] 冉净斐, 文启湘. 流通战略产业论 [J]. 商业经济与管理, 2005 (6).

[46] 刘宪, 何自力. 经济集约化增长的一般均衡分析 [J]. 南开经济研究, 2005 (2).

[47] 祝合良, 王明雁. 基于投入产出表的流通业产业关联与波及效应的演化分析 [J]. 中国流通经济, 2018 (1).

[48] 卢艳, 刘治国, 刘培林. 中国区域经济增长方式比较研究: 1978 ~ 2005 [J]. 数量经济技术经济研究, 2008 (7).

[49] 赵彦云，刘思明．中国专利对经济增长方式影响的实证研究：1988～2008 年 [J]．数量经济技术经济研究，2011 (4).

[50] 郑京海，胡鞍钢，Arne Bigsten. 中国的经济增长能否持续？——一个生产率视角 [J]．经济学（季刊），2008 (3).

[51] 艾麦提江·阿布都哈力克，白洋，邓峰，等．基建投资绩效与经济增长集约化的溢出效应分析 [J]．统计与决策，2017 (11).

[52] 刘国光．中国经济发展战略的若干重要问题 [J]．中国社会科学，1983 (6).

[53] 于津平，许小雨．长三角经济增长方式与外资利用效应研究 [J]．国际贸易问题，2011 (1).

[54] 赵文军，于津平．贸易开放、FDI 与中国工业经济增长方式——基于 30 个工业行业数据的实证研究 [J]．经济研究，2012 (8).

[55] 闫丽娟．科技革命视域下的资本主义发展研究 [D]．北京：中共中央党校，2015.

[56] 黄群慧，贺俊．中国制造业的核心能力、功能定位与发展战略——兼评《中国制造 2025》[J]．中国工业经济，2013 (6).

[57] 齐建国．循环经济与绿色发展——人类呼唤提升生命力的第四次技术革命 [J]．经济纵横，2013 (1).

[58] 谷彬，孙文博．新常态下就业的宏观经济影响因素研究——基于月度数据的实证检验 [J]．宏观经济研究，2016 (8).

[59] 杜传忠，郭美晨．第四次工业革命与要素生产率提升 [J]．广东社会科学，2017 (5).

[60] 时家贤．马克思恩格斯的世界市场理论及其当代启示 [J]．当代世界与社会主义，2012 (6).

[61] 王成荣．流通新动力——创新力．规划力．文化力 [M]．北京：中国经济出版社，2016.

[62] 颜艳春．第三次零售革命：拥抱消费者主权时代 [M]．北京：机械工业出版社，2014.

[63] 李海舰，田跃新，李文杰．互联网思维与传统企业再造 [J]．中国工业经济，2014 (10).

[64] 李晓华．“互联网＋”改造传统产业的理论基础 [J]．经济纵横，2016 (3).

[65] 祝合良，王明雁．消费思维转变驱动下的商业模式创新——基于互联网经济的分析［J］．商业研究，2017（9）．

[66] 李永强，史亚莉，李剑南．免费经济学视角下的免费顾客网络价值研究综述［J］．经济学动态，2012（8）．

[67]［美］克里斯·安德森．免费：商业的未来［M］．蒋旭峰，冯斌，璩静译．北京：中信出版社，2009．

[68] 费显政，游艳芬，杨辉，等．营销互动中的消费者内疚——对关键事件的探索性研究［J］．管理世界，2011（9）．

[69]［美］克里斯·安德森．长尾理论［M］．乔江涛译．北京：中信出版社，2006．

[70] 刘奕，夏杰长．共享经济理论与政策研究动态［J］．经济学动态，2016（4）．

[71] 魏武挥．社群经济与粉丝经济［J］．创业邦，2014（8）．

[72] 荣朝和．交通——物流时间价值及其在经济时空分析中的作用［J］．经济研究，2011（8）．

[73] 张永林，张春杨，李晓峰．市场信息集聚效应与交易效率的研究［J］．管理科学学报，2011（11）．

[74] 冯华，陈亚琦．平台商业模式创新研究——基于互联网环境下的时空契合分析［J］．中国工业经济，2016（3）．

[75] 谢莉娟．互联网时代的流通组织重构——供应链逆向整合视角［J］．中国工业经济，2015（4）．

[76] 李冠艺．互联网思维下电商物流创新与传统物流转型［J］．商业研究，2016（4）．

[77] 赵尔烈，于淑华．战后日本流通政策体系及其对我们的启示［J］．商业经济与管理，1996（1）．

[78] 荆林波．信息技术产业发展与实现普遍接入到普遍服务的飞跃［J］．管理世界，2003（6）．

[79] 胡春燕．基于信息技术革命的新业态和新模式演化机理及效应［J］．上海经济研究，2013（8）．

[80] 许宪春．中国服务业核算及其存在的问题研究［J］．经济研究，2004（3）．

[81] 李晓慧．中国流通业增长效率研究［D］．北京：首都经济贸

易大学博士论文，2012.

［82］张军，章元．对中国资本存量 K 的再估计［J］．经济研究，2003（7）．

［83］李江帆．产业结构高级化与第三产业现代化［J］．中山大学学报（社会科学版），2005（4）．

［84］黄勇峰，任若恩，刘晓生．中国制造业资本存量永续盘存法估计［J］．经济学（季刊），2002（1）．

［85］王小鲁．中国经济增长的可持续性与制度变革［J］．经济研究，2000（7）．

［86］曾铖，李元旭．试论企业家精神驱动经济增长方式转变——基于我国省级面板数据的实证研究［J］．上海经济研究，2017（10）．

［87］傅元海，叶祥松，王展祥．制造业结构变迁与经济增长效率提高［J］．经济研究，2016（8）．

［88］唐未兵，傅元海，王展祥．技术创新、技术引进与经济增长方式转变［J］．经济研究，2014（7）．

［89］谢莉娟，王晓东．中国商品流通费用的影响因素探析——基于马克思流通费用构成的经验识别［J］．财贸经济，2014（12）．

［90］张弘．信息化与中国流通创新［J］．财贸经济，2003（10）．

［91］唐颖，赵文军．公共支出与我国经济增长方式转变——基于省际面板数据的实证检验［J］．财贸经济，2014（4）．

［92］林苞．知识溢出与创业——基于中国地区数据的研究［J］．科学学与科学技术管理，2013（9）．

［93］Mortimore M.，W. M. Adams. Farming intensification and its implications for pastoralism in northern Nigeria. In Prospects of pastoralism in West Africa［C］. Giessen：Wissenschaftliches Zentrum Tropeninsitut. I. Hoffmann，1998.

［94］Sandford，S. Foreword. In Pastoral Livestock Marketing in Eastern Africa：Research and Policy Changes（Eds）J. G. Mcpeak & P. D. Little［M］. London：IT Publications，2006.

［95］Moritz，M. Crop – livestock interactions in agricultural and pastoral systems in West Africa［J］. Agriculture and Human Values，2010（27）.

[96] Moritz, M. Pastoral intensification in West Africa: implications for sustainability [J]. Journal of the Royal Anthropological Institute, 2012 (18).

[97] V. Senchagov. Improving the Economic Mechanism Under Conditions of Intensification of Production [J]. Problems of Economics, 1986 (45).

[98] V. Kamaev. Intensification and the Quality of Economic Growth [J]. Problems of Economics, 1986 (21).

[99] Jan van Dalen, Johan Koerts, A. Roy Thurik. The measurement of labor productivity in wholesaling [J]. International Journal of Research in Marketing, 1990, 7 (1).

[100] Jeffrey R. Campbell, Hugo A. Hopenhayn. Market size matters [J]. The Journal of Industrial Economics, 2005 (1).

[101] Moreno, Justo de Jorge. Productivity growth, technical progress and efficiency change in Spanish retail trade (1995 –2004): A disaggregated sectoral analysis [J]. International Review of Retail, Distribution & Consumer Research, 2008, 18 (1).

[102] Perrigot R., Barros C. P. Technical Efficiency of French Rerailers [J]. Journal of Retailing & Consumer Services, 2008 (4).

[103] Maarten Janssen, Sandro Shelegia. Consumer Search and Double Marginalization [J]. American Economic Review, 2015, 105 (6).

[104] David Lagakos. Explaining Cross – Country Productivity Differences in Retail Trade [J]. Journal of Political Economy, 2016, 124 (2).

[105] Owen, Bruce M. Kickbacks. Specialization, Price Fixing, and Efficiency in Residential Real Estate Markets [J]. Stanford Law Review, 1977, 29 (5).

[106] Pauly Mark V. The Ethics and Economics of Kickbacks and Fee Splitting [J]. Bell Journal of Economics, 1979, 10 (1).

[107] John Morgan, Phillip C. Stocken. An Analysis of Stock Recommendations [J]. Rand Journal of Economics, 2003, 34 (1).

[108] J. David Cummins, Anneil A. Doherty. The Economics of Insurance Intermediaries [J]. Journal of Risk And Insurance, 2006, 73 (3).

[109] Daniel B. Schwarcz. Beyond Disclosure: The Case For Banning Contingent Commissions [J]. Yale Law & Policy Review, 2007, 25 (2).

[110] Patrick Bolton, Xavier Freixas, Joel Shapiro. Conflicts of Interest, Information Provision, and Competition In The Financial Services Industry [J]. Journal of Financial Economics, 2007, 85 (2).

[111] Wei Li. Peddling Influence Through Intermediaries [J]. American Economic Review, 2010, 100 (3).

[112] Oliver Hart, Jean Tirole. Vertical Integration and Market Foreclosure, Brookings Papers on Economic Activity [R]. Special Issue, 1990.

[113] Gary Biglaiser. Middlemen As Experts [J]. Rand Journal of Economics, 1993, 24 (2).

[114] R. Preston Mcafee, Marius Schwartz. Opportunism In Multilateral Vertical Contracting: Nondiscrimination, Exclusivity, And Uniformity [J]. American Economic Review, 1994, 84 (1).

[115] Alessandro Lizzeri. Information Revelation And Certification Intermediaries [J]. Rand Journal of Economics, 1999, 30 (2).

[116] Erik Durbin, Ganesh Iyer. Corruptible Advice [J]. American Economic Journal: Microeconomics, 2009, 1 (2).

[117] Roman Inderst. Marco Ottaviani, Misselling Through Agents [J]. American Economic Review, 2009, 99 (3).

[118] Szalay, Dezso. Contracts With Endogenous Information [J]. Games And Economic Behavior, 2009, 65 (2).

[119] Heski Bar – Isaac. Guillermo Caruana, Vicente Cunat. Information Gathering and Marketing [J]. Journal of Economics And Management Strategy, 2010, 19 (2).

[120] Roman Inderst. Marco Ottaviani. Competition Through Commissions and Kickbacks [J]. American Economic Review, 2012, 102 (2).

[121] Hotelling H. Stability In Competition [J]. Economic Journal, 1929 (39).

[122] Gupta, Sunil, Mela F. What is a Free Customer Worth? [J]. Harvard Business Review, 2008, 86 (11).

[123] Rochet, Jean - Charles, Jean Tirole. Platform Competition in Two - Sided Markets [J]. Journal of the European Economics Association, 2003, 1 (4).

[124] Belk, R. Why Not Share rather than Own [J]. Annals of The American Academy of Political and Social Science, 2007, 611 (1).

[125] Gorenflo N. Collaborative Consumption is Dead, Long Live the Real Sharing Economy [EB/OL]. http://pando.com/2013/03/19/collaborative - consumption - is - dead - long - live - the - real - sharing - economy/ 2013 - 3 - 19.

[126] Dervojeda, K., K. Verzijl, F. Nagtegaal et al.. The Sharing Economy, Accessibility Based Business Models for Peer - To - Peer Markets [A]. Business Innovation Observatory, European Commission Case Study, 2013 (12).

[127] Bardhi, F., M. Eckhardt. Access - Based Consumption: The Case of Car Sharing [J]. Journal of Consumer Research, 2012, 39 (4).

[128] Rothschild, D. How Uber and Airbnb Resurrect Dead Capital [EB/OL]. http://theumlaut.com/2014/04/09/how - uber - and - airbnb - resurrect - dead - capital/ 2014 - 04 - 09.

[129] Koopman, C. M. Mitchell, A. Thierer. The Sharing Economy: Issues Facing Platforms, Participants, and Regulators [M]. Fairfax: George Mason University, 2015.

[130] Prahalad C. K., Ramaswamy V. Co - Creation Experiences: The Next Practice in Value Creation [J]. Journal of Interactive Marketing, 2004, 18 (3).

[131] Hsiao, Ming - Hsiung. Shopping Mode Choice: Physical Store Shopping versus E - Shopping [J]. Transportation Rearch, 2009 (45).

[132] Berry, L. The Time Buying Consumer [J]. Journal of Retailing, 1979, 55 (4).

[133] Hagiu A., J. Wright. Multi - Sided Platforms [J]. International Journal of Industrial Organization, 2015 (43).

[134] Golovin S. The Economics of Uber [EB/OL]. http://bruegel.org/2014/09/the - economics - of - uber.

[135] Malmquist S. Index Numbers and Indifference Curves [J]. Trabajos De Estatistica, 1953 (4).

[136] Henten A., I. Windekilde. Transaction Costs and the Sharing Economy [J]. Info, 2016, 18 (1).

[137] Cave D. W., Christensen L. R., Diewert W. E. The Economic Theory of Index Numbers and the Measurement of Input and Output, and Productivity [J]. Econometrica, 1982 (50).

[138] CharnesA., W. Cooper, Rhodes E. Measuring the Efficiency of Decision – Making Units [J]. European Journal of Operation Research, 1978 (2).

[139] Fare R., GrosskopfS., Norris M. et al.. Productivity Growth, Technical Progress and Efficiency Change in Industrialized Countries [J]. American Economic Review, 1994 (84).

[140] Shephard R. W. Theory of Cost and Production Functions [M]. Princeton: Princeton University Press, 1970.

[141] Wang Yan, Yudong Yao. Sources of China's Economic Growth, 1952 – 1999: Incorporating Human Capital Accumulation [R]. World Bank Working Paper, 2001.

[142] Young A. The Razor's Edge: Distortons and Incremental Reform in the People Republic of China [J]. Quarterly Journal of Economics, 2000, 115 (4).

[143] Blundell, R., Bond, S. Initial Conditions and Moment Restrictions in Dynamic Panel Data Models [J]. Journal Of Econometrics, 1998 (87).